謹以

本書獻給予無怨無悔致力國軍士官教育的師長以及堅守建軍備戰崗位的士官幹部們！

博客思出版社

龍岡憶舊
從本校到陸專的蛻變

黃奕炳 著

陸軍士官學校（陸軍專科學校）校旗

☆陸軍專科學校校旗。

陸軍士官學校（陸軍專科學校）校徽

陸軍士官學校（陸軍專科學校）校訓

　　親愛精誠：原本是先總統蔣中正擔任黃埔軍校校長時所擬定的校訓，至今已延用至中華民國陸、海、空軍以及各軍事院校的校訓或精神指標中，同時也是陸軍專科學校的校訓。

　　親愛精誠依據先總統蔣中正的闡述，意義是造就「頂天立地」「繼往開來」，「堂堂正正」的革命軍人。而蔣中正於民國十四年元旦對黃埔軍校學生訓話中更闡釋了：「『親愛』是要所有的革命同志能『相親相愛』，『精』是『精益求精』，『誠』是『誠心誠意』」。

陸軍士官學校（陸軍專科學校）校歌

校歌（新版）

海風浩蕩，國旗飛舞，這是革命的洪爐，為陸軍基幹作復國先鋒，發揚吾校慓悍雄風，挺起胸膛踏著先烈的血跡，手攜手，向前衝，救國家，行主義，精誠團結，負責犧牲，發揚吾校精神，發揚吾校精神。

校歌（原版）

海風浩蕩，國旗飛揚，建軍的責任落在我們肩上，我們是陸軍的基幹，我們是官兵的橋樑，精研學術，齊聚一堂，把革命真理伸張，我們是復國的先鋒，我們要作殺敵豪強，效忠領袖，堅定信仰，把三民主義弘揚。

黃埔精神

黃埔精神即「犧牲的精神」、「團結的精神」以及「負責的精神」。

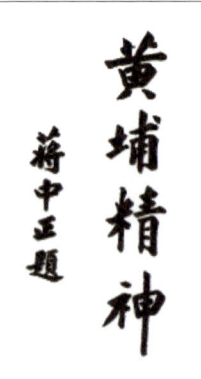

陸軍士官信條

我是士官,士兵的領導者。我是部隊的骨幹,官兵的橋樑。

我的基本責任是達成使命與維護士兵福祉。

我們是優質的士官團隊,素質高、戰力強、守紀律、有信念。

我們服從長官、愛護部屬。我們精進專業、提升戰力。

我們嚴守紀律、愛護榮譽。我們以身作則、樹立典範。

我們堅守誠實與道德勇氣,決不妥協。

我們永遠以士官團隊為榮。我們是專業士官,是領導者!跟我來!

目次 Contents

序文

推薦序 / 陳鎮湘上將 12

推薦序 / 黃光輝理事長 14

推薦序 / 盧士承將軍 15

自序 / 黃奕炳中將 17

輯一　承先啟後，謙卑轉身

1-1 前言：軍旅生涯最難忘龍岡歲月 22

1-2 機緣：野戰指揮官轉身軍教園丁 25

1-3 不足：謙卑、勇敢面對自己缺乏專業 29

1-4 改制：更名揭牌，風雲變幻 34

輯二　尊師重道，嚴師高徒

2-1 良師：嚴師出高徒，需要理論實務兼備 40

2-2 尊重：老師是工作夥伴，不是部屬 46

2-3 敬師：和諧校園，敬師創意作法 53

2-4 經管：只有受到關愛的幹部，才會把心思放在學生身上 55

2-5 榮耀：全國冠軍的士校驚奇 59

2-6 自信：開放、多元，允文允武的榮耀 63

2-7 宿舍：爭取設立教師職務宿舍的一樁憾事 69

輯三　戮力辦學，夙夜匪懈

3-1 招生：一步一腳印的苦行追尋　74

3-2 豐收：流淚流汗耕耘過的，必能以歡笑收割　80

3-3 和諧：族群融合的四語演講比賽　84

3-4 用心：設有漫畫專區的圖書館　88

3-5 閱讀：推廣讀書風氣眾所周知　98

3-6 語文：開辦士官英儲班　102

3-7 風災：颱風來襲，大水漫灌校園　105

3-8 戰備：兼任士後旅的後備動員任務　109

輯四　關愛鼓勵，建立自信

4-1 關愛：最深切的關愛從生活細節做起　114

4-2 鼓勵：掌握教育目標，力挺士官傑出校友　119

4-3 傳承：兩支鼓號樂隊新舊並存，各有擅長　121

4-4 變通：週休二日的挑戰，窮則變，變則通　128

4-5 疏運：學生放假，陣容浩大的返鄉車隊　131

4-6 理財：養成儲蓄習慣，儉以養廉　136

4-7 痛心：一場車禍的慘痛教訓　139

4-8 關心：唯一探望子弟兵的友軍主官　142

輯五 革故鼎新，繼往開來

5-1 改革：改革教科書、實習用具與
　　　　　耗材採購辦法 146

5-2 公平：福利站重新招標，公平公正公開 150

5-3 攻訐：黑函來襲，被中傷與處置 157

5-4 徽章：設計士校專屬榮譽徽，強化認同 162

5-5 難忘：常六十二期的雨夜畢業典禮 164

5-6 交流：培養平視軍官的態度，士校官校交流 170

輯六 前瞻擘劃，永續發展

6-1 發展：學校發展方向的構思與轉折 174

6-2 誠實：榮譽制度的核心價值在誠實 184

6-3 前瞻：健全實習幹部制度，給予機會
　　　　　開拓視野 188

6-4 定位：接受預校轉學生的不同想法，
　　　　　自我定位與自信 191

6-5 重建：校園整建工程，建構百年大業
　　　　　的滄桑 195

輯七 溫馨龍岡，永誌不忘

7-1 校友：與學校關係密切的校友會 208

7-2 眷村：富台新村與士官學校 211

7-3 愛心：國際單親兒童文教基金會參訪 214

7-4 助力：記幾位協助學校的民意代表 217

7-5 結緣：龍岡的民間友人，廣結善緣 220

7-6 揮別：告別龍岡，任期一年七個月戛然而止 223

7-7 情義：士校同仁的情義相挺，友誼長存 228

7-8 結語：雪泥鴻爪，感恩與祝福 235

附錄一　歷史傳承，繼往開來

陸軍士官學校（陸軍專科學校）校史 240

　　一、三校分立與併編階段 240

　　二、陸軍士官學校階段 246

　　三、國立陸軍高級中學階段 247

　　四、陸軍專科學校階段 249

附錄二　永銘記憶的校園影像

陸軍士官學校舊照 252

附錄三　士校老友留言板

陸軍專科學校（士校、陸高）好友見證與祝福 262

11

推薦序一

陳鎮湘 上將
前陸軍總司令、立法委員

　　士官是基層部隊的骨幹，是官兵的橋樑，其素質之優劣，是軍隊建軍備戰成敗的關鍵因素。而士官學校是培養士官最重要的搖籃，士校的養成教育，更是常備士官奠基造型的基礎階段，對渠等在軍中乃至回歸社會的歷練與發展，影響甚鉅。

　　陸軍士官學校，是培養國軍地面部隊士官最重要的軍事學府，除了陸軍之外，海軍陸戰隊、空軍防警部隊、後備、憲兵、海巡等地面部隊的常備士官，均出自本校，其畢業校友在營時，對三軍各部隊都有非常大的貢獻；退伍後，回歸社會，咸能敬業樂群，積極奮發，不僅有卓越的表現，更是社會穩定的力量。

　　陸軍士官學校，為因應國軍戰略目標、組織調整與人才培育需求，曾歷經三校分置與併編、陸軍士官學校、國立陸軍高中，以迄目前的陸軍專科學校等不同階段的變革。在各個階段，無論學校組織、師資來源、學制課程和校舍整建等方面，都有大幅度的改變精進。個人擔任陸軍總司令任內，正是陸軍士校轉型為陸軍高中的關鍵時期，承前總司令陳廷公（廷寵）、李楨公（楨林）和湯明公（曜明）的接續指導與擘劃，以辦大學的前瞻視野、恢宏格局，對本校的學制、教師資格限制和校園整建，都進行了前所未有的巨幅改革。為了執行此一艱難的任務，個人先後任命了兩位在外島表現優異的將領承擔重任，前一階段是吳達澎將軍，後一階段即是本書

推薦序

的作者黃奕炳將軍,他們都是我長期以來同甘共苦、生死與共的老戰友,彼此相知甚深,值得付託。

黃將軍跟我一樣,是省立岡山高中前後期的校友,在役期間,無論是陸軍第二九二師(苗栗師)、陸軍第二十軍(后里軍)、海巡司令部、金防部、陸軍總部或國防大學,他都是個人所信賴的工作夥伴。他在陸軍高中校長任內,承繼吳達澎校長打下的厚實基礎與辦學成效,主動積極,以最大的熱忱和努力,帶動全校官師生兵的士氣與熱情,投注在多重變革的繁重校務工作上,獲得外界與軍中袍澤的好評。如今,他將當年學校重大蛻變過程中,與全體官師生攜手共同克服困難,戮力辦好士官教育的經過,做了細膩的咀嚼和反芻,各章節皆是往昔事實的體現,書中的故事,有血淚汗水,有師生之情、袍澤之愛,更多的,則是那個時期大家齊心奮鬥的足跡,頁頁皆有可觀之處。

《龍岡憶舊:從士校到陸專的蛻變》是士校重大變革階段的紀實,為本校校史留下寶貴可稽的紀錄,也寫下了那個時期全校官師生兵所做的犧牲奉獻,因此,這本書不僅是一本個人的懷舊憶往,更是書寫國軍士官教育的文獻,深值肯定,是為之序。

陸軍上將 陳鎮湘

推薦序二

黃光輝 理事長
中華民國陸軍專科學校校友總會

　　《龍岡憶舊：從士校到陸專的蛻變》一書，是黃校長奕炳將軍所撰寫，其主要目的在於將士官學校重大變革階段的紀實，全書內容精闢，區分為「承先啟後、謙卑轉身」、「尊師重道、嚴師高徒」、「戮力辦學、夙夜匪懈」、「關愛鼓勵、建立自信」、「革故鼎新、繼往開來」、「前瞻擘劃、永續發展」、「溫馨龍岡、永誌不忘」等七大部份，暢談黃校長擔任校長期間主動積極，犧牲奉獻、熱忱服務，帶動全校官師生兵的士氣與熱情，投注在多重的變革與繁重的校務推動工作上。

　　黃校長在《龍岡憶舊：從士校到陸專的蛻變》一書，從曾經三個士校分置與整併合一、陸軍士官學校、國立陸軍高中、至迄今的陸軍專科學校等不同階段的變革，對各階段教育體制的變革到升格專科的完整變遷過程，以及蛻變深入過程中老照片一併呈現闡述詳盡，本書可謂是士校重大變革階段的紀實，為士校校史留下寶貴的紀錄，更是國軍士官教育的基本歷史文獻，值得肯定，個人樂為之序。

陸專校友總會第 5 屆理事長　黃光輝

盧士承 將軍

陸軍專科學校（陸軍士官學校）第36任校長（現任）

責任與擔當—陸專精神的延續

　　一本好書，往往不只是文字的堆砌，而是蘊含了時代記憶、文化傳承與歷史見證。黃奕炳校長所著《龍岡憶舊：從士校到陸專的蛻變》這本書，不只是黃校長個人回憶的萃取精華，更展現這所學校歷史長河中轉型與進步的縮影，及各個時期所承擔的軍事教育重任。它不僅是一座橋樑，連結過去、現在與未來，並對學校發展脈絡有深刻剖析，讓我們得以重新審視陸專歷史定位與未來方向，啟發後來者思考如何延續與創新的軍事教育史料。

　　軍旅生涯是一條充滿挑戰與磨礪的道路，而能在這條道路上遇見值得尊敬的領導者，無疑是一種莫大幸運。我與黃校長戎旅契緣，始於陸軍官校、步兵學校、國防部與陸軍第十軍團，這段歲月讓我親身見證一位真正軍人如何將「領導」落實在日常訓練、行政管理與戰備演習之中。黃校長的領導風格，可以用「親力親為，知行合一」八個字來概括。他從不以權威姿態自居，而是以身作則，確保每一個決策都經過實踐驗證、落實到位。讓他贏得官兵信任與敬重，也為我們這些後輩樹立了典範。

　　我在民國100年回到陸專擔任軍教組長，109年再度歸隊，擔任教育長，並於114年接任校長乙職。我對陸專有著深厚的情感，這些經歷讓我得以深刻體悟學校的成長與蛻變，也讓我更珍視來自每一位

　　陸專人共同為學校砥礪深耕而付出的努力。黃校長是其中極具代表性的一位領導者，他任內積極推動改革，強化學術與實務並重的教育體系，奠定堅實的基礎。今日我以現任校長角度來閱讀這本書，心中湧現的不只是敬佩，更是一份責任的延伸。

　　《龍岡憶舊》不僅是一部回顧歷史作品，更是一份啟示，提醒我們應在前人的基礎上持續精進。我將秉持黃校長所強調的「知行合一」，讓理論與實務並重，且在人工智慧技術蓬勃發展世代，思考如何將士官教育與現代戰爭需求相結合，在實作中體現勇士精神，培養具備專業技能與應變能力的專業士官。未來，我們將在既有的基礎上，深化校務革新，讓陸專永續發展。

陸軍專科學校第 36 任校長　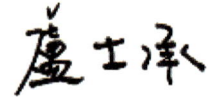

黃奕炳 中將

陸軍專科學校（士校、陸高）第22任校長、前陸軍副司令

光陰易逝，如白駒過隙，個人解甲歸田已近十二年，回顧往事，最令我難忘的是龍岡歲月。在陸軍士官學校（國立陸軍高中）任職，僅有短暫的一年七個月，在我的職涯生命裡，可能僅佔二十五分之一；而在漫長的歷史大洪流中，它更只是一滴微不足道、根本看不見的小水滴。「光陰似箭催人老，日月如梭趕少年」。我在短暫的任期中，歷經學校重大變遷的考驗，從「做中學」，獲得諸多啟迪與成長，為往後軍旅生涯的發展，奠定更厚實的基礎；而更重要的，則是我在士校獲得了許多寶貴的友誼，迄今仍受昔日的官師生溫馨的關愛，感懷在心。

我由烈嶼守備區指揮官，調任士校校長，面對教育體制調整與校園整建的雙重巨大蛻變，個人能否在歷任校長奠定扎實的根基上，持續創造應有的績效，所學所能是不是足以擔負治校重任，讓士官學校

發光發熱，提升地面部隊士官幹部的質量，而不致辜負長官的信任？思前想後，內心的忐忑不安，不言而喻。所幸在交接時，前校長吳達澎將軍傾囊相授，力助儘速瞭解校況；操持校務時，上級長官暨總部業管單位，給予充分信任與授權；而學校絕大多數的同仁，無論軍文職，皆能盡忠職守、戮力本務，支持校部的政策，讓學校的各項工作推行無礙，在短暫的時間裡，勉能累積足堪告慰上級暨全校官師生，以及家長的成效。

寫這本《龍岡憶舊：從士校到陸專的蛻變》，是我在民國89年8月至91年3月（2000～2002）與陸軍士校（陸軍高中）所有同仁齊心為學校共創新局的紀錄。提筆撰擬這本小書，緣起於母校慶祝創校六十一週年校慶（民國107年），為編輯紀念專刊，特別邀請歷任校長供稿，概述往昔在校事跡。接獲通知，個人適值在前往捷克和奧地利的旅途中，迫於截稿的時間壓力，乃利用旅程間隙，斷斷續續撰寫，於返國前完成近兩萬字的稿件，敬覆編纂小組。嗣為配合篇幅，經刪節為數千字，納入專刊。事後，檢視原本撰述的稿件，似乎不足以完整交代當年規模宏大的變遷，以及所有官師生兵曾經投注的努力，感覺未免為德不卒。於是，在士校諸位老友的鼓勵下，我利用往後公餘的時間，以捷奧旅程所寫文字稿作底，陸續找回記憶並作增補，由數萬字累積至十萬餘字，同時蒐集所需老照片，歷經七年，漸見雛形。此期間，感謝陸專多位老友陸續提供寶貴意見，勘訂錯誤，匡補闕遺，使全書更臻精確、信而有徵，增加其價值和可讀性。

本書內容，從個人調任士校校長的緣起開始，將四十六個章節，區分「承先啟後，謙卑轉身」、「尊師重道，嚴師高徒」、「戮力辦學，

夙夜匪懈」、「關愛鼓勵，建立自信」、「革故鼎新，繼往開來」、「前瞻擘劃，永續發展」、「溫馨龍岡，永誌不忘」等七個部分，把我在士校任期內記憶所及的較大記事，稍作整理，概略以時間為縱軸，事件為橫軸，希望經營較具邏輯的架構，給予讀者完整的概念。每個章節後面，簡單敘述筆者的感想或心得，希望野人獻曝，發揮點滴經驗傳承、智慧支援的效用。此外，個人遵照畢業校友的建議，在書末附錄增列母校由三校併列，逐步簡併、教育體制變革到升格專科的完整變遷過程，以及蛻變過程中的部分老照片，讓往昔的艱困與美好併呈，留下大家共同的記憶。如能讓校史附麗本書，得以廣為人知，並讓老校友們可以仔細咀嚼在校受訓的過程，重拾往昔酸甜苦辣並存的回憶，將是個人最大的期盼。另外，全書在最後，摘錄部分士校長官、老友的見證與祝福留言，有鼓勵，有心得感觸，無論內容如何，他們都是誠摯的期勉與祝福，更是友情長在的印記。

我只是一個退伍軍人，既不是專業的作家，也沒有生花妙筆，更沒有立德、立言的雄心壯志。個人把自身定位為「說故事的老兵」。因此，全書的表達平敘直述，但求流利通順，不求華麗修飾，避免詰屈聱牙。書中內容，更力求信實，不誇大其辭、譁眾取寵。且委請陸專老友協助查考印證，務期將誤失降低到最小程度，唯因時隔已久，人事時地物難免產生差池，尚請知情者不吝指正。

本書能夠出版，要感謝的人太多了。首先，感謝總司令陳上將，陸軍專科學校現任校長盧士承將軍及陸軍專科學校校友總會理事長黃光輝學長不吝指導，惠賜序文。其次，全書從發想、撰寫、編輯、斧正，

到照片蒐整，前陸軍高中圖書館謝鳳珠主任都扮演無可替代的推動力量，她的熱忱、效率與才華，使筆者不敢稍有鬆懈，如果本書稍有所成，謝主任當居首功。再者，要感謝李豐池、鄭有諒兩位將軍惠賜墨寶，題寫書名與致敬扉頁，增益光彩。另外，感謝老教育長高喜沛中將、嫂夫人黃清香老師，陳敬忠、張志範、李福華、石文龍、吳松齡歷任校長，胡文忠、范董庭伉儷、張尹瓊、陳進國、王仁源、王明嬋、郭啓美、謝翠琴、蘇瓊瑩、黃珮怡、孔貴珍、喩景暉、張煜仙、宣愛信、校友會秘書涂仟佑（芳秀）等諸位陸專老友，以及紀敦明伯伯次媳黃秋菊女士，好友簡慶瑞先生暨其愛女孟筑，或提供寶貴舊有文獻、老照片，或留言見證與祝福，幫忙加油打氣，使本書得以順利完成。此外，全書的寫作過程，得力於內人王素眞老師的鼓勵、協助編排、校對和潤稿，使本書得以呈現較爲嚴整的風貌。最後，特別感謝臺灣蘭臺出版社、博客思出版社，願意幫忙出版這種硬梆梆、小衆閱讀的書籍。當然，個人最期望這本小書的出版，有助於大衆對國軍士官制度、士官幹部養成教育的瞭解，打破「好男不當兵」、「兵不如士，士不如官」的傳統士大夫思維，進而支持和鼓勵子女、親友投考士官學校，爲我國建構健全的軍官、士官雙軌併行制度、提升國軍戰力，略盡棉薄之力。

黃奕炳

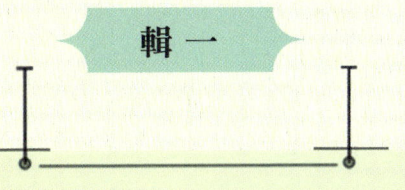

輯一
承先啟後，謙卑轉身

☆筆者民國89年8月1日被任命為陸軍士校校長，在總司令陳上將監督下宣誓。

☆總司令陳鎮湘上將召見吳達澎、黃奕炳新原任校長，給予肯定，並指導戮力辦好士官教育。

1-1 前言：軍旅生涯最難忘龍岡歲月

　　回顧四十餘年的軍旅生涯，個人自認為最快樂、最有成就感、也最難以忘懷的，就是服務於士官養成教育的陸軍士校（陸軍高中）時期，龍岡歲月常在我心，備感溫馨。

　　個人從金門縣立金沙國民中學畢業後，雖然考上福建省立金門高級中學，但奉父命離鄉負笈台灣，就讀臺灣省立岡山高中，過著三年必須自立、自強與自律的生活。高中畢業時，與同班同學黃海屏兩人決意投筆從戎，連袂投考陸軍軍官學校，於民國 61 年（1972）8 月下旬進了陸軍官校正四十五期（六十五年班），直到 102 年（2013）7 月，以中將階八年停年屆滿退伍。

　　四十餘年的軍旅生涯，感謝國家和國軍的栽培、各級長官的愛護，同袍的支持與協助，得以從基層到高司，歷練各種職務，接受各種任務的挑戰，能夠有所長進。在漫長的軍旅歲月中，個人最喜歡的工作，便是春風化雨的軍事教育工作，這些職務的歷練，讓我得以接觸到不同年齡層、個性迥異的年輕人，在教學相長裡，帶給我無比的喜悅與成就感。

　　我曾在母校陸軍軍官學校，擔任過入伍生團教育班長，學生連隊的排長、副連長、連長、戰術教官，學生部隊指揮官，時間長達十餘年，以及陸軍士官學校校長、陸軍步兵訓練指揮部指揮官兼步兵學校校長。此外，也在三軍大學歷練過陸軍指參學院教官、計考科副科長、校長室參謀主任，以及三軍大學改制後的國防大學教育長（本職務歷練時間長達三年一個月，是我軍職任期最長的工作）。嗣後，奉調到高司單位，擔任國防部

龍岡憶舊：從士校到陸專的蛻變

☆筆者退伍後應李福華將軍之邀返校專題演講。

參謀本部人事參謀次長,很意外的督導主管國軍軍事教育的人培處(由「軍事教育處」更名而來)。因為按照國防部組織法,在建制上,該處本當隸屬軍政系統的人力司,但當時的部長李傑先生將人力司虛級化,司長長期懸缺,副司長張兀岱學長(海軍官校六十一年班,曾任國防大學海軍指參學院副院長,與我同事,嗣後轉任文官),也被要求納入人事次長節制,其所轄各處均以任務編組方式,劃歸人次室督導管制。因此,個人在國軍軍事教育領域歷練的範圍,從實務到政策,從基層到高司,而在實際的教育工作上,更是橫跨基礎(養成)教育、進修教育和深造教育等各個階層,此一經歷在國軍軍事教育領域,不敢說非常稀有,至少堪稱資歷非常完整。

我瞭解教育的重要性和影響,以及其成效的無限可能,喜歡參與年輕人的成長和茁壯過程,也從執行任務的過程中,學習到許許多多新的事物,獲得諸多不同的啟發。我喜歡所有經歷過的軍事教育訓練單位,也懷念、

☆筆者在學校主持重要慶典。

感謝每一位曾經共同奮鬥過的工作夥伴。但回首前塵,在這麼多教育職務裡稍做比較,個人感覺最愉快、最有成就感的,莫過於擔任士官學校(嗣後更名國立陸軍高級中學,目前升格為陸軍專科學校)的校長。因為,擔任此一轉型中學校的主官,學生是具有高度可塑性的高中生,青澀純真,率直可親,大多是未經雕琢的璞玉,只要認真教導,可以清晰的看見他們的成長,只要真誠對待他們,孩子們的感受與反應,是強烈而誠摯的。尤其個人任職期間,正值學校學制轉型、校園整建,雙重蛻變是進行式,挑戰與機遇併存,汗水與歡笑俱至,辛苦,但學得更多。個人任內,獲得長官充分授權,學校的塑型與發展,校長具有決定性的作用,我在校務所做的決策,極少受到上級的干預;學校絕大部分的同仁,全力支持,齊心協力辦了非常多開拓性的活動,只要是細心的人,都可以清楚看見學校往好的方向蛻變。此外,辛苦的付出,也成為凝聚感情的動力,我在士校擁有很多的好朋友,即使離開學校多年,彼此友情歷久彌堅,是以任期雖短,卻留下非常深刻而美好的回憶。

　　人生如白駒過隙,轉瞬即逝,個人已經步入古稀之年,回首來時路,最是難忘龍岡歲月(士官學校位於中壢龍岡)。個人將這一年七個月任期值得回憶的點點滴滴書寫下來,不是表彰自己,而是紀錄往昔那段校務劇烈變遷時期,全校官師生兵共同奮鬥的過程,感謝那些無名英雄們為學校所做的貢獻,也算是雪泥鴻爪,為自己留下軍旅生涯曾經走過的足跡罷了!當然,時間過去二十餘年,說長不長,說短也不能算短,個人記憶有限,實難周全,人事時地物難免疏漏、誤植,也只能敬請當年的參與者鑒諒與指正。

龍岡憶舊:從士校到陸專的蛻變

1-2 機緣：野戰指揮官轉身軍教園丁

☆筆者任職烈嶼守備區指揮官，與政戰主任陳碩義上校在虎堡據點合照。

　　民國 88 年（1999）國慶日前夕，金門地區遭到中度颱風「丹恩」的強力侵襲，災損嚴重，尤其是數十年綠化造林的成果，幾乎毀於一旦，傾倒摧折的樹木數量龐大，交通陷於癱瘓，烈嶼（俗稱小金門）位於颱風襲擊的中心，災情更加嚴重。個人時任烈嶼守備區指揮官，為了搶救災情，儘速恢復駐地軍民的正常生活，特別電請內人王素真老師提款墊支，協助駐臺連絡官申友文中尉，前往環河北路購買三十五吋電動鏈鋸十部，並與申中尉同往臺北市政府公園路燈管理處，商借二十五吋電鋸三十部（該處承辦科長張先生是金門鄉親，深切瞭解島鄉災情，以最快速度簽准調借），在金門尚義機場重新開放後，第一時間運抵大金，並轉運小金。內人在此段搶救災損期間，實際擔負起襄助救災工作的在臺後勤支援事宜，對於全般任務的達成，助益良多。

該一事蹟嗣經防衛部層轉陸軍總司令部知悉。翌年（民國89年）2月，陸總部在陸聯廳（現在已經改稱「孫立人官邸」）舉辦春節餐會，總司令陳鎮湘上將特別邀請內人參加，並安排坐在主桌。整桌皆是總部中將級以上高勤官暨夫人，僅有內人係一離島守備區資淺少將指揮官的眷屬，眾人皆感意外，內人尤感受寵若驚（係由陸總部婦聯會直接通知內人參加，個人事前毫無所悉）。嗣經總司令介紹並說明受邀原因，在場其他總部長官暨寶眷，才瞭解此一安排之緣由。餐會後，總司令私下暗示內人：不久之後，我將有機會被調回臺灣本島任職。內人聞訊頗感驚訝，但也立即表示感謝陳先生的栽培與提拔。

時隔四個多月後，同年（民國89年）7月中旬，我接到陸總部業管單位一個非正式的通知，預劃我在8月1日調任中正幹部預備學校校長。但隔日的晚間，個人卻在烈嶼龍磐坑道的辦公室接到總司令陳上將親自撥來的電話，他垂詢的內容，不是離島的戰備訓練，也不是部隊的管理和軍紀安全，而是探詢我的同鄉、同學和老同事洪廷舉將軍（時任陸軍摩步200旅旅長）是否適合擔任中正預校校長的職務，總司令特別要我跳脫個人的情感因素，客觀分析其條件與適任性。以洪將軍的人品和學養，我的答案當然是十分肯定的，然而這通電話的另一層意義，便是我的調職有了新的變化，雖有些許失望，卻也有著不同的期待。

☆烈嶼守備區龍磐坑道構建於民國47年（1958）。

承先啟後 謙卑轉身

☆總司令陳鎮湘上將主持新原任校長交接暨新任校長任職佈達。

　　後來正式人令發布，洪廷舉接替官校四十期胡筑生學長的預校校長，我則奉調陸軍士官學校校長，接替四十一期吳達澎學長的職務。因為我和洪將軍都是資淺少將，與前任校長的期別都差距頗大，此一任命案，的確讓許多熟稔人事歷練層次慣例的人感到非常意外。到任後，我在大漢營區偶遇一位頗為熟識的學長，他就當面陶侃我：「士校校長可是待機升中將的位置，你才剛升少將，幹完校長還升不到中將呢，是不是烏龜吃大麥啊！」（歇後語「糟蹋糧食」，意思是浪費別人佔上缺的機會）後來瞭解此一人事安排的幕後原因，是部長湯曜明先生有感於國軍各軍校校長更迭頻繁，教育政策無法連貫落實紮根，辦學績效動輒受人事異動影響，便框定條件並明確指示：

「這兩個學校新任的校長，要具備碩士學位、軍事教育經歷，且選擇期別低、沒有經管壓力，一任可以幹滿四年的軍官，俾可專心辦學並檢核其治校成效。」循著劃定的條件找人，我和洪將軍因此雀屏中選，由野戰部隊指揮官，轉身變成軍事教育的工作者。

至於我的職務為什麼一夕生變？據總部當時的人三組組長羅銘昇上校（官校四十七期學弟）事後透露：人事署基於中正預校校長和烈嶼守備區指揮官的編階都為少將一級，而士校校長是少將二級，簽呈我調預校、洪廷舉調士校（他原任的摩步旅旅長，編階為少將三級）。但陳總司令經過再三考慮，認為士校正值學制轉型與校園整建關鍵期，基於他對我的深刻瞭解，指示將兩人預派的職務對調。過程中，人事署長意見具申，認為我由少將一級降調少將二級的職務，而洪旅長由少將三級直接跳升一級，恐有職階衡平的問題，對我也不公平。總司令回以「好好幹，任何職務都有向上爬的機會；不好好幹，成效不彰，現職再多優勢，也難獲拔擢升遷，我們是找適職的人才，去做適當的工作，而非為人設事。職級不是問題，個人前途關鍵掌握在自己手裡。」人事就此呈奉國防部核定，也揭開了我與士校一年七個月的情緣。

加措仁波切說：「一切都是最好的安排，……提醒人生應該轉換視角，你將發現沿途風光與你想像中的不同。」感謝陳總司令的信任和安排，讓我在士官學校的歷練，擁有寶貴而值得終身難忘的豐盈記憶。

1-3 不足：謙卑、勇敢面對自己缺乏專業

☆筆者在勵士樓校長室留影。

☆筆者招生宣導時與學生互動。

揮別離島烈嶼調回本島，工作性質有著非常巨大的差異。雖然我具有多項軍事教育的資歷和背景，但由野戰指揮官驟然化身成為軍校校長，面對完全不同的專業領域與工作環境，的確頗有壓力。特別是當時的士校正值轉型的關鍵時刻，新舊交替，普通高中的常六十一期尚未畢業（刻在成功嶺受入伍訓，準備分科教育，尚未畢業分發），改制綜合高中的常六十二、六十三期已經在學，而新生常六十四期跟我同時入校，故該期同學常戲稱自己是「跟黃校長同梯的」。此外，學校總預算高達新台幣五十二億元的龐大校區整建案，也只完成了一部分，學生分別住在建國營區（原為兵工單位的營區，與士校僅一牆之隔）新建校舍和龍關營區（士校原本的校區）的老舊建築，生活條件優劣頗為懸殊，生活管理與照顧實難周全。所幸老長官吳達澎校長經驗交接時，毫不保留傾囊相授，陸總部業管人事署長李清國學長（陸軍官校四十三期）、軍教組長韓光亞學弟（陸軍官校四十八期），皆鼎力支持校務的推動。而總司令陳鎮湘上將在新、

原任校長交接及士校更名為「國立陸軍高中」的授旗、授印和揭牌典禮時，都親臨主持，殷切期勉，充分顯示他對士官教育的重視和支持，也隱含對我的期望和栽培。

　　士官學校由普通高中轉型為綜合高中，國防部花費諸多心思，投入鉅額經費，更積極爭取教育部的補助與肯定，希望有助於招生，提高學生的素質。陸軍總部前後任總司令（湯曜明、陳鎮湘二位先生）更是嚴格督促、細心指導，學校師資水準和教學設施，因此大幅躍升，成為一所條件更優越、可塑性很強，不斷向上提升的學校。加以當時「綜合高中」剛被引進，國軍真正瞭解該一制度的人並不多，個人也是到任後，才逐漸認識該學制設計的精義。原來，綜合高中係由美國人所設計，是當年教育部大力推廣的學制，它與普通高中、高職最大的區別，是講求適性教學，主張新生入學後不要過早分流，一年級維持共同必修的基礎與通識課程，二年級以後再依照學生的性向、興趣和能力實施分流，避免過早分流扼殺學生的專長與發展，簡單的說，就是融合高中與高職二者內涵的新學制，透過課程選修，賦予學子更多元的選擇。

　　士校分流的科系，計有普通科，以及機工、工機、電子、汽修、飛修、化工、建築等七個技職類科系，課程維持較大的彈性。外面文學校的綜合高中講求多元選修，士校因為學生人數實在太多（三個年級，每個年級有一千多人，一個年級人數就超過大多數文學校全校學生總人數），排課作業龐雜，根本做不到「綜合高中」所標榜的多元選擇精神，只能在入學時即選好科系，二年級以後也僅提供套餐課程。話雖如此，然因學校條件大幅改善，以及學制變遷，因此校長在辦學上有很大的揮灑空間，且當時陸總部的各級長官對我都很信任，全力協助學校的調整與改革，加上校內絕大多數官師、職員同仁的支持，校務推展幾乎沒有任何窒礙。

龍岡憶舊：從士校到陸專的蛻變

唯個人深知自己任重道遠,也瞭解本身雖有超過十年的軍校服務資歷,但以前在陸官或三軍大學的歷練,施教對象學歷、年齡較長,且偏向學生管理與軍事訓練,缺乏全方位的教育關照;尤其是我不具中等教育與技職教育的教育認知與治校經驗,要總綰整個學校的辦學,畢竟缺乏整體觀與正規的教育理論基礎,如果單憑以前的經驗來推動校務,恐怕很難避免陷入「土法煉鋼」的窘境,無法贏得師生的認同,將嚴重影響辦學的成效。

所幸那段期間,部長湯先生在總司令任內,有鑑於軍事教育的重要,且各階層從事教育者,普遍缺乏正規的基礎教育理論素養,思謀改善,乃與國立臺灣師範大學合作,開辦在職軍事幹部教育理論學分班,開啟在職碩士學分專班的先河,招收有志從事軍教的官士前往進修。於是,我主動報名,利用晚間和休假時間,到國立臺灣師範大學教育學院,跟一些年輕的軍官、士官(譬如:郁志剛、黃懿芳……)一起研習「教育碩士學分班」的課程,由教育概論、教育心理學、教育方法……到教育評鑑,從頭開始學起,接受包括師大校長簡茂發教授、副校長和教育系諸多名師的教導,在觀念與執行經驗上,受到很大的啟發,也讓自己在指導校務時,增加不少底氣。

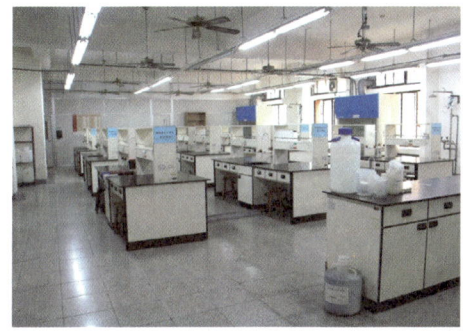
☆化工科儀器分析實驗室。

☆友校參訪動力機械科導覽說明。

　　此期間，我也勤快走訪臺灣各地辦學較具成效的綜合高中，向辦學經驗豐富、著有成效的教育界耆宿請益，譬如：高雄縣大寮鄉中山高中的陳志清校長、市立高雄商業職校陳榮華校長、桃園地區私立新興高中楊清分校長等人，都是我的請教對象。另外，非常幸運的是，我唸第一個碩士學位的論文指導老師楊國賜博士（曾經擔任國立臺灣師範大學社教系系主任、社教研究所所長和師大圖書館館長、教育部社教司司長與教育部主任秘書，時任教育部常務次長），以及畢業於臺灣師大社教系的內人王素真老師（時任國立三重高中教務主任）都適時提供了很多專業而寶貴的指導和協助，讓我在做部分重要決策前，可以避免走許多冤枉路，減少專業上的錯誤。

☆筆者偕張寶輝政戰主任參與校際活動。

☆筆者在招生管制室，向中正預校校長洪廷舉將軍暨該校重要幹部說明招生策略與作法。

龍岡憶舊：從士校到陸專的蛻變

教育是一種專業，軍事教育更是專業中的專業，它必須進行教育和軍事兩種科際整合，絕對不是讀過軍校就懂軍事教育。此外，辦學除了高遠的理想、目標，更需要充分的熱情與恆心，步步踏實，水滴石穿，才能累積成效。當年湯部長洞悉軍事教育必須走上專業，人事也用心做了安排，可惜後來國軍因為組織變遷、員階額大幅精簡，不得不把軍校重要職務當做人事調節的位置，校長更替仍然像走馬燈一樣，讓師生目不暇給，大部分軍事學校教育的動盪與搖擺，便見怪不怪了。

　　近期媒體報導：「某政黨立委多人，提案修改『軍事教育條例』第八條條文，要求現行各級軍校校長、副校長與教育長，改適用於規定各級一般文學校校長的『教育人員任用條例』，擔任三長除須有碩、博士資格，或有教授行政工作資歷，『曾任政務官兩年以上，並具有教授資格，成績優良者』也可出任軍校三長職務。」個人翻閱該一新聞，驚駭不已，這些民意代表僅是基於政治算計和目的，根本不瞭解軍事教育的目標與特性，他們忽視軍事教育專業性的偏差行徑，與國軍部分高層的錯誤認知，實無二致，如全案通過，政治力乘隙進入軍校，除影響國軍的行政中立，更可能造成極為負面的效應，令人遺憾。（註：因為社會輿論強大的反對力量，最後該政黨被迫主動撤回提案。）

1-4 改制：更名揭牌，風雲變幻

☆總司令主持士校更名陸軍高中揭牌典禮。

陸軍士官學校原本的學制是普通高中（在國家教育體系，主管單位係教育部中等教育司），為因應潮流、爭取教育部補助，並擴大招生效果，在八十七學年度（1998）調整學制為綜合高中（主管單位係教育部技職司）。也就是說，在常六十一期之前為普通高中，常六十二期之後才改為綜合高中。但學制雖改，校名仍然維持「陸軍士官學校」的稱呼，經兩年多時間，始更名為「國立陸軍高級中學」。這是行政流程耽擱，還是另有其他原因，個人並未深入研究，不得而知。很多早年畢業的校友，對於學校的更名，深深不以為然，有些是感情因素，有些則認為無法彰顯學校教育目標，以及辦學的真正目的。個人認為這些先期學長的意見都很寶貴。我粗淺的研判：國防部業管單位，可能有鑑於近年來一般人對士校已經產生負面的刻板印象，招生效果不佳，希望藉著學制改變，一併更改校名，讓士校有一個全新的開始。更名的利弊得失，見仁見智，很難論斷，但政策已定，唯有全力貫徹執行。

士官學校更名為國立陸軍高級中學，於民國 89 年（2000）10 月 1 日正式核定生效。布達、授旗、授印和揭牌儀式，則排訂在 10 月 16 日舉行，距離我履新剛好屆滿兩個半月，但籌備工作在吳校長任內早已展開。個人在瞭解各項準備工作進度後，要求務必精益求精，不可鬆懈。更名布達、授旗、授印儀式舉辦的場地，在舊校區的中正堂，揭牌儀式則移至新校區的教學大樓 A 棟（現已命名為「忠智樓」）二樓穿堂。中正堂的場地布置，與校長任職布達概同，問題不大。倒是揭牌所在的教學大樓 A 棟二樓場地，連同大型新會議室與鄰接的接待室，幅員足敷使用，但空蕩蕩的場地，感覺單調，缺乏慶典的氛圍。於是，我指導業管單位教務處，在接待室掛上名書法家王敬先校長（國立復興劇校校長，曾任全國書法學會理事長）以朱砂書寫的篆體墨寶，以及國文組甘美華老師所畫的花鳥國畫，增添藝文氣息。揭牌儀式和茶會所在的教學大樓會議室和外面的穿堂，則布置盆景花木和流泉，但空白的大幅牆面，白森森的很不搭調，有人建議黏貼紅色保麗龍的標語，個人覺得呆板而流俗，左思右想，靈機一動，認為舍下瓏山林新居地下室原屋主留下的巨幅清明上河圖塑鋼浮雕，或可派上用場，徵得內人同意，乃派人車前往，費盡九牛二虎之力始能運回（因為浮雕木框厚重、尺寸遠超門框，無法從從大門抬出，只好拆卸地下室的氣窗，攤平緩緩移出）。懸掛後，感覺既大器又有人文氣息，頗能結合揭牌的氛圍，迄今那幅浮雕仍然懸掛在原位，作為母校永久的紀念。

讓我印象深刻的則是：更名活動當天早上，官師生早早即已就位，並做了儀節的預演。不料中壢地區先起大霧，繼之下起豪雨，我冒雨到中正堂貴賓室，準備恭迎總司令蒞臨。隨著典禮時間迫近，看著越來越大的雨勢，心中不免嘀咕，覺得天公不作美啊，如此盛典，竟然來攪局。不意，在總司令進校門前不到十分鐘，突然霧散雨停，太陽逐漸露臉，真是天有不測風雲啊！這劇烈變化的雲破天開，應該是上蒼給予士官學校的祝福和恩典，國立陸軍高中一定會有一個很好的開始！

☆總司令陳上將主持士校更名陸軍高中授旗、授印典禮。

　　更名典禮上午十點準時在中正堂舉行，整個程序順利進行，先是總司令宣布國防部核定更名的命令，接著是授旗、授印，我帶著旗兵上了舞台正中央，接下陳先生授予的「國立陸軍高級中學」校旗和印信，接著總司令期勉全校官師生兵：「要體認士官是基層部隊穩固的基石，國防部以辦大學的精神來設置『陸軍高級中學』，希望能塑造『專業士官形象』，以符合國軍精實案『量少質精』的要求。」他也希望：「未來學校應特別重視人格、品德傳授的『全人教育』，建立溫馨校園的架構，進而帶動穩定和諧的部隊。士校在改制為陸軍綜合高中後，更要精益求精辦好士官教育。」他又叮囑未來精進校務的工作方向，期盼教隊職官與老師們持續努力以赴，充分顯現他對士官學校的深深期許，個人緊記在心，不敢或忘。

　　揭牌儀式轉移到建國校區舉行，其程序包含揭牌和慶祝茶會。總司令於接待室略作休息，待總部陪同的長官、觀禮的貴賓和校友代表都到達定位，在我暨襄儀協助下，拉開「國立陸軍高級中學」銅牌上的紅布，完成揭牌儀式，隨即進入茶會會場，舉杯向在場所有人員致意，並期勉在座的

幹部與老師，要開布新局，在既有的基礎上辦好士官教育，茶會場面熱烈。恭送總司令離校後，所有儀典圓滿結束，也代表著士校改制正式完成，告別長達四十三年的高中舊體制，進入轉型的蛻變階段。在國軍「精實案」全面展開、三軍力推精進士官制度的當口，士校從此進入另一個新的階段，本校的責任無比沉重。

　　揭牌儀式結束後，個人接受多家媒體的採訪，特別說明：本校學生與民間一般綜合高中學生的課程大致相同，但彼此的差異在於本校的學生在學期間，不僅學雜費全免，書籍和實習耗材全部公費，每個月還有一萬二千九百元的零用錢，畢業即是就業，國家有妥善的安排，個人暨家長不必為就業問題傷腦筋。此外，在往後的進修方面，畢業後即可選擇報考陸軍官校的士官二專班，也可以在服務兩年後，投考一般大專院校，出路相當寬闊。我希望藉著新聞傳播，讓外界瞭解學校的變化，擴大招生的效果。

☆更名揭牌典禮後，筆者偕政戰部張主任與學校同仁合照。

龍岡憶舊：從士校到陸專的蛻變

輯二

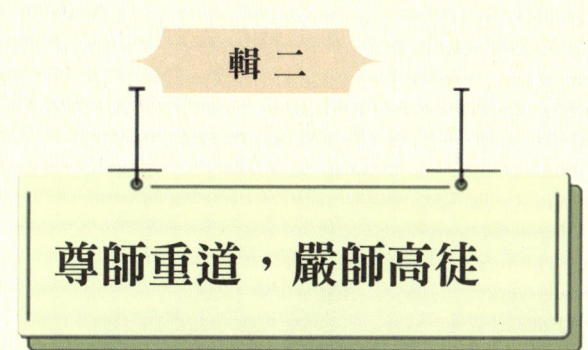

尊師重道，嚴師高徒

☆筆者與接受國防部表揚的本校優良教師們合影留念。

☆筆者參加讀書會種子教師培訓研習與師生合照。

2-1 良師：嚴師出高徒，需要理論實務兼備

☆陸軍高中學生在教室上課、下課兩樣情。

　　教師素質優劣是辦學成敗的關鍵。本校成立初期，常士班高中課程原由預備軍官授課，但預官受役期限制，教學品質不穩定，當年普受疵議。後來奉當時的陸軍總司令郝柏村上將核示，自民國七十學年（1981）開始，改聘文職教師任教，第一批文職老師於是年8月聘用（因作業疏失，10月才起薪，唯年資之銜接不受影響）。嗣後，普通高中轉型為綜合高中時，陸軍總部就做了明確的政策指導：為了提升教師素質，並替爾後綜合高級中學升格為專科學校做準備，陸軍高中新聘的老師，都必須具備碩士（含）以上的學歷，原本已經在校任教的老師，也要鼓勵渠等在職進修，獲得碩士（含）以上的學歷，俾符合專科教師資格，勝任未來的教學任務。

　　學校大部分新進擁有碩士學位（含以上）的老師們，以具技職類專業為主，在吳校長任內大多已經聘任到位，或完成甄選，將於新學年開始聘用，這是本校招聘文職老師的第二波高峰。我到任時，且有幾位是與我同時報到入校服務的（如心輔中心的林秀娟、黃珮怡、李懿逢，國文組的蘇

瓊瑩等多位老師）。這些老師有少部分是研究所碩、博士班剛剛畢業的新鮮人，大部分則來自公、私立高中職校。據說北部地區某些私立學校，因為同一時間流失大量高素質的老師，且大多應聘到本校任教，而向學校提出抗議，但「良禽擇佳木而棲」，學校依法、依簡章公開招考，無法阻止任何合乎條件的教師參加甄試，考上了就得依法依規聘用，抗議云云，也就不了了之了。

因此，此時的士校老師，平均學歷水準，的確遠勝一般同級的文學校，但限制學歷條件的最大缺點，是部分技職類老師的理論素養雖然很強，卻缺乏實作的經驗與能力，尤其是：士校為因應陸軍航空部隊擴編、採購新型戰鬥、偵察和運輸直升機，急需培養維修人力而設立的飛修科。在實作上，老師們雖然具有政府檢定的甲、乙級證照（在國家考試的要求標準下，能獲得證照的比率極低，能拿到甲、乙級證照是非常不容易的），然而，那些證照與飛機修護未必直接相關。是以只有空軍機校出身的科主任有維修定翼機的能力與經驗，其他大部分新進的老師，基本上沒有實際維修飛機的專業與經驗，更不可能修過陸軍編裝的各式軍用旋翼機（直升機）。沒有修過飛機，怎麼能夠教導學生修飛機？紙上談兵、空言理論無益，上課時更覺底氣不足，感到心虛。

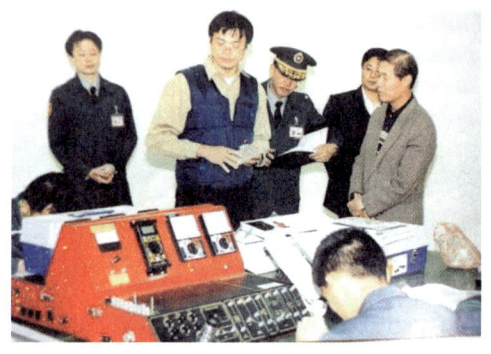

☆國防部顧問甯攸武將軍蒞校訪視暨工科學生在實習場館。

尊師重道
嚴師高徒

個人與科主任研商後，決定儘快彌補這塊短板。於是，呈報總部並協調航特部的航勤廠，建請同意讓學校的老師暨助教們，利用寒暑假期間進駐歸仁航勤廠的維修廠區，實地觀摩並研習飛機修復與保養的程序和作業。前校長吳將軍剛剛離開本校，高升航空特戰司令部司令，充分瞭解學校的需求，特別交代航勤廠：「士校飛修科是為陸軍航空部隊培育維修人才，幫助士校其實就是幫助自己，航勤廠對於士校老師的實務研習，要毫不保留全力協助。」有了老校長的鼎力支持，大家士氣大振。嗣後，飛修科的所有老師暨助教，犧牲假期和家庭生活，南下臺南，全力投入直升機修護的實作研習。在航勤廠竭力相助下，老師們求知若渴，努力學習，終能獲得豐碩成果，為該科實作課程奠定了厚實的基礎。

　　此外，個人也親自帶隊到國軍飛機修護的先驅單位：空軍航空機械學校和空軍通信電子學校併編的空軍航空技術學校（1996年8月1日兩校合併，2002年8月1日升格改制為空軍航空技術學院）參觀見習。該校成立於民國22年（1933），歷史悠久，成效斐然，對國軍的貢獻至鉅。承蒙該校當時的校長趙德榮將軍、副校長、教育長暨各單位的熱忱接待與周全安排，毫無保留介紹該校最新的設施設備，以及專業的教學方法，並且展示各式空軍的飛機重要組成部件模型，包含當年剛剛引進不久的最新戰鬥機（F-16、幻象2000）的引擎實體解剖模型，可以說是傾其所有，全力傳授，個人感懷至今，不敢或忘。（註：多年後，個人調國防部人事次長室服務，趙將軍適在後勤次長室任職，見面倍感親切，國軍的圈子真的太小。）此次的參訪，我們獲得很多專業而誠摯的指導，更由此深切瞭解本校飛修科的課程設計、設施設備、教材教具，以及維修的實務經驗等等，還有非常非常大努力的空間，要建構像空軍航空技術學校這麼具有規模與成效的專業校院，長路漫漫，非數十年不為功，時隔二十餘年，不知道如今我們的飛修科到底拉近了多少距離？令人關切。

在汽修科方面，我們擁有幾位非常專業、有經驗的老師，如林保超老師等人，他們甚至可以自己編修、出版教科書，真的很強。國防部和陸軍，也痛下血本，除了提供現役各型式的軍用車輛實體與重要部件外，更採購全新的民用汽車解剖模型和各種新穎的儀器，提供學生實習。民間機構主管和技職院校的師生來校參觀，見到如此豪氣的設施設備，羨慕之情溢於言表。

☆汽修科擁有專業且具豐富經驗的老師們。　　☆汽修科老師教導學生更換汽車零件。

但為了讓該科師生進一步瞭解軍用車輛的特性與維修保養，個人也親自帶著師生前往鶯歌的聯勤汽車基地勤務處（現在改稱汽基廠，位於岳崙營區）參訪，虛心請益。在該處處長陳志修將軍暨各所所長的熱心指導下，使汽修科師生在軍事輸具的修護流程、作業程序和維修專業上，獲得諸多寶貴的經驗和指導，尤其是得以瞭解部隊運輸和後勤保修的層級、職責和要領，對於後續為用而訓的專業教學，建立了正確的觀念，使學校教育與部隊運用不至於脫節。（註：多年後，個人任職國防部常務次長，督導軍備業務，陳將軍適在聯勤司令部服務，多次在會議場合見面，我都趨前向他致意，感謝他當年對於士校的支持。）

尊師重道
嚴師高徒

☆筆者率教務處長親訪憲兵學校（上圖）暨空軍防警司令部（下圖）等兵監單位請益。

　　在電子科方面，我也曾帶著該科師生前往內壢的聯勤通信電子器材基地勤務處（現已經改稱通基廠）參訪，瞭解國軍三軍部隊現役的通信電子裝備，以及未來發展的趨勢，且參觀了國軍現役各式通裝維修、保養的實作流程。該處處長得知士校師生到訪，親自出面接待，替這群通資電裝備操作、維修的未來基層幹部們加油打氣，殷殷期勉，師生都覺得收穫很多。

回顧這些往事，特別要感謝當時的幾位科主任和各科老師們的辛勞。做過很多開創性的工作，不屈不撓，篳路藍縷，總是特別的辛苦，但相信經過大家的共同努力，已經為各科後續的實作課程，扎下了很好的基礎，理論與實務相結合，良師才能出高徒，不是嗎？

至於建築科、化工科、工機科（重型機械）、機工科等各科，我們也由教育長，教務處長、副處長，以及科主任帶隊，分別拜訪民間建築公司、工兵學校、化學兵學校、化工廠、機械廠等相關專業的公私立機構，虛心請教，希望藉以走出校園封閉的象牙塔，讓師生都能瞭解各科專業日新月異的發展，以及理論和實務結合的重要性，增加彼等之自信心。

☆建築科老師說明測量儀器使用方法。　　☆電腦網路軟體教室。

尊師重道
嚴師高徒

2-2 尊重：老師是工作夥伴，不是部屬

軍校的教育目標和教育特性，與一般文學校有很大差異，特別強調滿足軍隊需求的「為用而育」、「為用而訓」。為了瞭解部隊實際的需求，使軍事教育不至於跟基層脫節，調到基礎軍事院校任職的高階主官、管，大多由野戰部隊甄選或令調而來，他們有豐富的部隊經驗，也有充分的熱忱與使命感，想要把教育辦好，但對於學校的特性、教育法規，未必深切瞭解，也不一定具有軍教的經歷，因此領導學校或執行校務時，常常會用領導、管理部隊的思維和方式，凡事講求具體成效，務必立竿見影；校務的決策過程，輒缺乏溝通的耐性，不經意會出現一種「官大學問大」、「我說的才算數」的情形。與幹部暨老師們相處，其應對常會流露出居高臨下的態度，官士兵久習軍隊金字塔式的階級結構與領導模式，適應上沒有問題，但文職老師們就未必能接受了。

☆學校教師慶生會（圖左）暨筆者夫婦與老師同赴花蓮旅遊（圖右）。

☆教師節圖書館籌辦繪我恩師活動。　　　　　　☆慰勉89年國防部暨總部獲優良老師並慶祝教師節茶會。

　　本校的老師，除了極少數軍職退伍轉任者，和現役士官助教外，絕大多數為文職，都是接受過高等教育的知識分子，在各個學科領域，具有專業素養和經驗，本身的自主性很強，在校務，尤其是教學方面，也有很多自己的看法，對於威權式的帶法未必認同，甚至覺得反感，特別是與我同時進校的新聘老師剛從研究所畢業，心高氣傲，更難適應。如果彼此沒有誠懇溝通、妥善處理，老師與校部主官管之間，就會產生很深的成見與鴻溝，甚至嚴重的對立，衍生很多的問題，影響校務的推展甚鉅。

　　個人報到時，吳校長剴切告知學校人事結構的特性，特別叮嚀要採走動式管理，注意跟老師之間的溝通，他傳授我一個獨創的「戳泡泡」問題處理方式，他說：「一個如此龐大的學校，不可能完全沒有問題，老師們對於學校的事務，也不會沒有意見，因此，對應的態度和方法很重要。要誠懇聆聽老師們的意見，每一個問題，就像一個個的泡泡，要趁著它還細小、沒有惡化的時候，就快速處理把它戳破，不要等到長得太大再處理，就麻煩了！」他發現問題、解決問題的方法，是勤走各科組辦公室或實習工廠，與老師們話家常、談問題，不著痕跡，聽他們的真心話，蒐集他們的意見，然後儘速交辦各處室，及時處理，消弭問題於無形。

☆筆者與老師及學生家長們於總統府（原名介壽館）正門前合影。

　　吳規黃隨，橫亙全任期，我都牢記吳校長的叮囑，只要是沒有離開學校，我幾乎每天都會到各科組辦公室或實習工廠去，一趟甚至兩趟，去和老師們聊聊天，聯絡聯絡感情，並瞭解學校的問題和他們的想法，通常都會有意外的收穫。在一些影響層面較廣的決策實施後，也經常接獲老師反映的信件，有利於適時做適切修正，對於瞭解基層與推動校務，幫助很大。

　　一般情況，老師們對校長的蒞臨，跟大家接觸、溝通，都頗熱情，但偶爾也會碰到意想不到的情況：某次我到國文組，該組位於教學大樓A棟三樓，全組包含王莉莉組長在內有二十幾位老師，除了一位男老師外，清一色都是女性，她們都很嫻靜典雅有氣質，且大多未婚，我剛踏進她們辦公室，王組長很客氣的站起來跟我打招呼，並且跟大家說：「校長來看大家！」這話不說還好，一說未待聲音落下，剎時幾乎所有的老師不約而同的都把頭低下來了，盯著桌面的資料或書本，現場空氣好似凝結了，氣氛

很尷尬，個人進退維谷，只好簡短打個招呼，倉皇退出。嗣後路經該組，我都滿猶豫要不要進他們的辦公室，只好站在門口跟王組長打打招呼，不好意思打擾，看來我比她們還害羞呢！事隔二十餘年，回憶當時的場景，都不覺啞然失笑。不過，無論在任內或離職後，我倒是獲邀參加過張曉芬、羅秀菊等多位國文組女老師的婚禮，她們應該覺得我這個校長還滿好相處的吧。

尊師重道
嚴師高徒

此外，我到任時，學生剛放暑假，老師們除了部分兼任行政工作者外，其他人大多不在學校，因此，我跟全校老師第一次打照面，是在開學典禮。師生對於暑假結束，校長居然已經換了張新面孔，大為驚訝。依照《中等學校教育法》規定，開學典禮後，原本每學期召開的「校務會議」，應該由校長親自主持，但公文簽上來，其主席竟然只是文職教師兼任的最高職務——教務處教學副處長王仁源老師（註：王老師是我的金門小同鄉，原為工科教師，其夫人是國文組的周傳瑛老師，育有一對雙胞胎子女），而軍職人員完全不參加。個人深感疑惑，不瞭解其用意為何。嗣經詢問教務處董尚凱處長（陸軍官校四十七期）後，才知道以前的校務會議原本也是由校長主持的，但某一任校長主持會議時，因為軍文職雙方意見不合，言語爭鋒，一位不理性的老師遷怒主席，當場公然將水潑向主席台，霎時場面頗為難堪。為了避免再發生類似尷尬場面，後來就改成目前的形式。此種行之有年的模式應該算是「以文制文」吧，有意見的，先向文職副處長反映，然後彙整呈轉各處室處理。我對於這種不能直接面對所有老師，儘速掌握問題、解決問題的作法，深感不以為然。當下立即指示：從本學期開始，校務會議依照規定由校長親自主持，除了全體老師外，校部高勤官、科長以上的主管、重要的業管參謀，以及學指部各級主官、政戰主管通通要參加，大家一起來面對校務的問題、解決問題。

我在任內幾次校務會議的進行，都是根據前述的指導原則辦理的，過程尚稱平順，也收到很好的效果。絕大多數老師所提意見，都頗切實際

☆筆者與汽修科徐金益主任寒暄。

☆數學組徐組長伉儷和他們寶貝兒子暨雙胞胎女兒平平和安安。

且具有建設性；看法較偏執、言詞激越者雖然也有，但畢竟是極少數，且大多是彼此觀念的差異，經過業管單位現場說明，也都可以溝通解決；至於業管和老師僵持不下的爭執，經我居中綜合分析並裁決，大致均可順利化解。其實，一所四、五千人的大型學校，一樣米飼百樣人，哪會沒有問題？但開誠佈公的作法，至少讓老師們感受到校長暨校部各單位的誠意與尊重，校部行政部門暨學員生管理單位願意傾聽大家的意見，慎重詢答，蒐整、處理窒礙問題，而不再是高高在上、躲在文職副處長背後的藏鏡人，基本上也是督促校務發展進步的動力。

　　當然，偶有一兩位老師所提意見，可能是有意讓校長或其他主管難堪，或純粹是其個人的價值觀點問題。記得有次會議，某位老師舉手發言，慷慨陳辭：「校長參加機工科○○老師在八德的婚禮喜宴（註：記憶裡，新娘也是本校機工科的老師），坐在主桌，臺上表演脫衣舞清涼秀，現場也有機工科的學生，您為什麼沒有及時迴避？那可是一種錯誤示範！」全場一陣嘩然。事關校長形象與尊嚴，個人不能保持緘默，乃不疾不徐的站起來，很平和的回答：「謝謝○老師對我個人行為的指正！這件事，校長只是受○○老師邀請的客人，事先也不知道會安排清涼秀的表演，喜宴開

席後，臺上出現這樣的表演時，我也在考慮要如何處置。經過考慮，如果此時我斷然站起來轉身離席，對於同在主桌的新郎、新娘，雙方主婚人，是不是很突兀、沒有禮貌？何況，身為主人的新郎○○老師，應該也不知道親戚提供道賀的表演，竟然是清涼秀，面對主賓突如其來離席，情何以堪啊！何況當時您也全程在現場，為什麼沒有來提醒我和新郎做適當的處置呢？」這一段說明，還原當天的現場實況，全場又是一陣哄堂大笑，那位老師沒有進一步回應。我想，會議本來就是交換意見的場所，看法不同很正常，各有難處和著眼，講清楚就好了。

尊師重道
嚴師高徒

再者，是有關學校上課時間的爭議。本校以往上課時間，都是遵照上級頒布的作息時間表，區分夏令和冬令兩種。我們的學生住校，學指部隊職官除外散宿外，也是全天在校，其餘軍職人員，在部隊即已習慣這套作息模式，官士生兵的問題都不大。但上課課表隨時序變遷而更動，對文職老師的影響就非常大了。其變動是夏令較冬令早上提前半小時上課（上午07：30時），下午延後半小時上課（下午14：00時）。時間不固定，老師們也要隨之調整自己的生活作息與步調，然而軍方以外的公私部門，作息並無夏令和冬令之分。這種時間差，對本校的文職老師干擾甚鉅，尤其是住在桃園以外各縣市的老師，往返交通與子女接送、年邁雙親照護、在職進修課程往返等私人事務的安排，都處於不穩定狀態，非常困擾。特別是家住臺北地區的老師，下午四點半下課和五點鐘下課，相差時間雖然僅有半小時，但五點鐘以後正逢下班尖峰時間，高速公路和省道車流量倍增，回到家的時間，可能就相差一個多小時以上。這個長期存在的問題，老師們迭次反映，卻無法獲得解決。

個人到任後，也接獲類似的反映意見，經過研究，覺得的確是個亟待解決的實際問題。但部頒的作息時間表畢竟是個命令，學校有沒有彈性調整的權責和空間？其處理程序為何？事關重大，我不敢大意，即專程前往

陸總部協調，並以三軍大學各學院上、下午上課時間都是固定的呀，士校為什麼上下課時間要採取浮動模式呢？且臚列時間不固定的缺點，據以說服承辦單位。軍教組韓光亞組長認為學校整體作息時間（從起牀到就寢），應該遵循部令，但為適應學校特性與需要，上課時間參考文學校和三軍大學的作法，課表排訂稍做調整，應屬學校權責，毋須報准核定。韓組長此一釋義，合乎情理法，正合我意，學校自己決定，自行負責，不必上級替你背書。個人隨即請教務處令頒：學校的上課時間採固定制，上午八時上課，下午一點三十分上課，此外，其他作息時間悉遵國防部之規定，看似複雜的問題迎刃而解，執行後大家稱便，並無窒礙。

　　個人回顧這些事情的用意，不是在標榜自己多麼開明、機智或具有執行力，而是說明適時溝通、澄清問題、解決問題的重要性。反之，如果採取迴避政策，以一種消極的姿態，漠視老師們反映的問題，任其長期存在不做處理，學校行政單位與老師們的隔閡會越來越深，甚至形成對立。因此，我是希望由校長帶頭做起，建立所有高勤官、幕僚主管與隊職主官、管與老師們應對的心態和觀念，瞭解老師是校長暨各級主官管的工作夥伴，不是下屬，必須理性溝通、給予充分的尊重。感謝校部與學指部所有的軍職同仁，都能體會個人當年相關指導的用意，彼此尊重、協調合作。

☆筆者頒獎予表現績優的教學單位與老師。

2-3 敬師：和諧校園，敬師創意作法

尊師重道
嚴師高徒

　　軍事學校養成教育班隊的學生常年住校，大部分生活與學習時間，都在校園，由連隊隊職官負責全般生活管理與軍事訓練的工作。而老師們除了學術科教學外，也必須兼負教學區（教室、實習工廠）的常規教育、紀律要求與課業輔導的責任，班級導師並且要輔導學生諸多的校外活動（休假、校外交流等），他們幾乎是長年無休。因此，軍校的教師與幹部，比一般文學校的老師與教官更為辛苦，在學生奠基造型的過程中，地位也更為重要。而士校的學生是國中剛畢業的孩子，正值叛逆轉型關鍵期，半大不小，自主意識逐漸滋長，但心智未必完全成熟。他們來自臺澎金馬各地，遠離家庭，需要更多、更周全的關懷、照顧與教導，是以，老師暨隊職官不僅要作之師，也要作之親、作之君（管教）。

☆金門籍陶藝家呂榮和為士校優良教師所塑客製化的至聖先師浮雕，並以一副較大尺寸者致贈本校，目前典藏於學校資圖中心二樓。

　　為了表達對於老師與隊職幹部的感謝，教師節的表揚活動，是學校一年一度的頭等大事。本校以往對於優良教師的表揚，大多遵循往例，在教師節慶祝大會上致贈一幀獎狀或市面現成的獎牌、獎座，表彰內容是千篇一律的官式頌詞，說實話，大多數老師不是很有感。

☆教師節書法、畫作、雕塑展揭幕典禮。　　　　☆教師節敬師茶會點燭儀式。

民國90年（2001）的教師節，我找了重要幹部研議，希望突破以往的窠臼，辦一個讓老師們驚豔、印象深刻的敬師活動。大家想了很久，似乎很難突破長久以來的思維。後來，我請圖書館主辦敬師茶會和藝文展，並商請金門籍的陶藝大師呂榮和（金門籍旅臺陶藝師和畫家，在鶯歌開設「陶源民俗文物館」，以擅長「陶塑國畫」及鄉土人物塑像著稱），以成本價（其實是不計成本）雕塑至聖先師孔子塑像浮雕二十餘尊，每尊皆係純手工泥塑，神情樣貌各異，且分別在附釘之紀念銅牌上蝕刻老師之姓名、優良事蹟等，在教師節慶祝典禮上致贈優良暨資深教師，藉以表達學校的敬意和感謝。因為每尊塑像的眼神表情各異，均係獨一無二、客製化的大師作品，備感珍貴，得獎的老師們都很高興，也羨煞沒有獲獎的老師們。可惜次年我奉調國防大學，該一惠而不費的創意作法是否延續，就不得而知了，而呂大師也在數年後因病去世，隨著作者仙逝，此一雕塑已成絕響。這二十幾尊至聖先師浮雕，僅見本人留贈陸專者一幀，懸掛於資圖中心，不知其他的雕像究竟流落何方？但不論如何，那代表我們感懷心力盡瘁於士校的老師和隊職官們的奉獻與付出，這一份出自肺腑、深厚的感恩之情，是永遠不會磨滅的。

2-4 經管：只有受到關愛的幹部，才會把心思放在學生身上

軍事養成教育，是一個軍人奠基造型最關鍵的階段，非常重要。士校是培養部隊士官幹部的搖籃，我們必須將一批青澀的少年，打造成堂堂正正、勇於任事的專業士官，在校的三年，無疑是他們最為關鍵的階段。學生受訓期間，從校長以迄所有師長，跟學生接觸最密切，關係最深厚，幫助學生奠定其擔任稱職士官的基礎，影響學生爾後軍旅生涯至深且鉅的，莫過於學生營連的隊職幹部。他們是學生常規教育和生活照顧的執行者，也是學生景仰、學習的對象，其一言一行，尤其是領導統御模式、帶兵、練兵的要領，乃至行為的小細節，都會為年輕懵懂的學子們所模仿、學習。因此，學生營連隊職幹部素質的優劣、言行的正確與否，對孩子們爾後的人生方向與發展，影響非常的深遠。

☆筆者暨政戰部張主任與學生部隊的隊職官合影，中間著野戰服者為時任學二營營長的石文龍將軍。

☆筆者退伍後返回母校，與時任校長的石文龍營長相見歡。

根據當年陸總部的規定，士校的隊職幹部，營級主官皆須陸院或碩士班畢業，擇優派任。連長則絕大多數係由總部提供候選名冊，由校長勾選。其條件是在外島幹滿三年連級主官職、績效優異，獲頒陸軍軍種獎章者，運用令調的方式到校服務（註：各部隊對個人職務調動，有「徵調」與「令調」兩種方式，「徵調」必須徵求原單位同意，始得調動。「令調」則由權責單位直接下令調派，原單位即使不同意，也得放人，士校係陸軍總部直屬單位，營、連長的調動，為跨軍團（防衛部）等一級單位的調職，必須由陸軍總部人事署簽請總司令核准，直接令調）。因此，那些年的士校隊職幹部，可以說都是陸軍一時之選的資深優秀基層幹部，事實也證明，這些幹部後來都有很好的表現與發展，譬如現任國防部人事參謀次長劉沛智將軍（陸軍官校五十九期）、前陸軍專科學校校長石文龍將軍（陸官校五十八期，現任國防部中將參事），都是當時的學生營營長；前學生部隊指揮官陳俊良（陸軍官校六十四期，現任情報次長室聯合情研中心主任），晉升上校的于善威（陸軍官校五十八期）、胡文忠（陸軍官校六十三期）等人，都係當時的學生連連長，還有諸多例子，不勝枚舉。

　　挑選資深績優的幹部到校服務，的確做到「捨得把最好的人才拿來辦教育」，這是湯、陳兩位前後任總司令重視士官教育的鐵證，也確實有助於提升教育成效，能深耕士官幹部的培植工作。但其缺點則是：該一人事制度，只是基於團體的需求，對於個人權益的保障，缺乏較宏觀長遠栽培的配套作法，造成美中不足的嚴重缺陷。

　　其問題出在這些上尉階「老連長」，多數已接近佔少校職缺的年限，而士校並沒有那麼多的少校編制（陸軍官校的連長編階是少校，而士校的連長編階則為上尉，經多年向上爭取調升無果），必須推薦到部隊或高司單位任職，才有機會佔缺。以這些幹部以往的工作表現，以及在各部隊建立的良好口碑，不怕沒有人要，但晉升少校必須具備兵科學校正規班的學

資，而這些幹部調派外島擔任連長之前，極少有機會可以進正規班受訓，必須幹完連長，才能獲主官保薦送訓，把這個學歷補起來。然而，正規班受訓是不開缺的（註：國防部規定：訓期半年左右者，如分科班、正規班和專精班等班隊，須佔原單位的職缺受訓，畢業即回歸原位。訓期一年以上，如指參學院、戰爭學院、兵學研究所（現在更名「戰略研究所」），全時進修的碩、博士班，則必須開缺，調離原單位，佔國軍維持員額的受訓職缺，以免長時間不在其位，影響單位或部隊的正常運作），部隊或高司單位如果徵調一位沒有正規班學歷的幹部來佔少校階職缺，必須先空個位置讓他帶職受訓半年多（各兵科正規班訓期概為二十六至二十八週），結訓歸建後才能幹活兒，此期間，他的業務就需要找人代理，或全單位的幕僚分攤。將心比心，「精實案」正如火如荼展開，試想各部隊在人力日蹙、任務繁重的狀況下，有哪個單位主官、管會有這麼偉大的氣度與胸懷啊！

☆筆者與軍教組組長林皓偉中校暨所屬軍職教官合影。

☆作者與教務處計考科同仁合照。

☆筆者在學生部隊的活動中，與學指部指揮官許福生上校握手致意。

隨著時間遞延，要佔少校缺的人越來越多，時間也愈加緊迫，再不儘快處理，這些優秀的幹部就會老死士校，前途堪慮，同樣嚴重的，還會影響績優外島連長到校服務的意願。個人多次親赴總部協調提升連長編階，期能徹底解決問題，卻始終沒有獲得具體回應。（「精實案」全面展開，所有單位的編階、階額都在調降、縮編，士校要逆向調升，真的很難！）在事不宜遲的情況下，求人不如求己，於是，個人下定決心，要求全校所有一級單位：包括教務、學務、總務處、軍教組、學指部等，儘管「精實案」人力緊縮，壓力備增，但務必調整業務，忍痛各空出一個上尉或少校非主官（管）職，讓幹滿兩年的學生連連長，輪流佔缺進兵科正規班受訓（依總部規定，主官管不可以帶職受訓，所以必須先佔非主官管職缺）。為了表示共體時艱，以身作則，我將校長室僅有的一個軍官幕僚職：少校行政官，也空出來作為輪訓職缺，所有的行政事務轉由侍從士一人包辦，所幸個人任內的侍從士，雖然都是義務役的預備士官，但負責盡職，學能均優，加上我的外務甚少，否則侍從士大概都會逃之夭夭吧。

這個權宜辦法實施半年後，士校的連長，包括黃超政（陸官六十三期，現任陸軍司令部計畫處長）、胡文忠、陳俊良……等人，陸續完成正規班教育，便逐漸被總部、軍團或其他單位徵（輪）調去佔高階職缺，確保這些優秀幹部的發展潛力，維持學校幹部素質和人事管道的暢通。個人以為：優秀的幹部為學校犧牲奉獻，校長就必須照顧他們，替他們的前途找出路，這是一份責任，更是必備的指揮道德。更何況，唯有受到長官無限關愛與用心栽培的幹部，才會毫無後顧之憂的將心思放在學生身上。這個案例，也讓我深深體會到：有心才會有力，凡事求人不如求己，只要肯用心去思考、去實踐，突破困境，柳暗花明自有出路。

龍岡憶舊：從士校到陸專的蛻變

2-5 榮耀：全國冠軍的士校驚奇

尊師重道
嚴師高徒

☆本校素負盛名的鼓號樂隊。

　　早年，大家對士官學校的刻板印象與偏見，就是：這是一所封閉、保守、不愛唸書或弱勢族群的孩子們就讀的軍校（說實話，連國軍少數高階將領都持有此種不正確的看法），學校較為外界所知的特色，除了運動項目：拔河、輕艇、水球是長勝軍，和獲邀在國慶等大型活動表演的鼓號樂隊以外，跟外界的接觸不多，藝文活動的交流就更少，接觸越少，隔閡越深。

☆總司令陳上將召見獲得臺灣省北區英語演講比賽第一名的李東閔同學。

　　學校為了扭轉這種長久以來外界對士校的負面印象和偏頗看法，無不絞盡腦汁希望帶來改變，無奈在軟硬體條件受限的狀況下，一直無法獲得有效的突破。此一狀況，隨著學制改變、校舍整建、學校辦學條件改善，學生素質提高，以及師生自信心的提升，開始有了重大改變，尤其在吳達澎校長任內更為明顯。個人非常幸運，在這些前人奠定的基礎上，秉持往昔在官校服務時，童兆陽校長給我的指導：辦學的目標，不能劃地自限，必須統合全校官師生兵之力，透過儀式性、多樣性、活潑生動的活動來達成，積極爭取參與校際活動，把握機會全方位、多方式將士校推銷出去。

　　本校英文組有非常優秀的師資，在歷任組長（陳進國、郭啟美、孫玉鍔和王明嬋……等老師）的領導下，很早就有這種認知，一直希望藉由參加校外活動，與他校交流，展現士校的教學成果，除帶動學生英文學習的風氣、為國軍地面部隊培育具備外語能力的士官外，更著力扭轉外界對士校之錯誤觀感。經過多年默默耕耘，每年都派出多位代表，參加各種中等學校組的英語演講、朗誦、閱讀或聽力比賽，雖然屢敗屢戰，付出的多，收穫寥寥可數，卻從未氣餒，愈戰愈勇，奮鬥不懈，天道酬

☆副總司令安家鈺中將蒞校召見獲得「全國高中職英語演講比賽」優勝的張佑任同學。

☆筆者頒獎予英語演講比賽表現優異的李東閔同學並嘉勉英文組的指導老師們。

尊師重道　嚴師高徒

勤，長久流汗流淚的努力，終於贏來努力的成果與榮耀。

　　民國 89 年（2000），士校發生一件讓很多人跌破眼鏡、影響深遠的大事。本校常六十三期的李東閔同學，代表學校參加「臺灣省北區英語演講比賽」，在包含武陵高中、新竹高中、新竹女中、板橋高中、華僑中學、基隆高中……等名校在內的六十所公、私立高中職校，八十九位眾多參賽高手中，脫穎而出，以指定題目「高中生與實務工作」即席演講，拔得頭籌，榮獲比賽冠軍殊榮，創造軍事院校在此一領域取勝的首例。據悉：前中科院院長金壽豐將軍就讀某公立高中的女兒，曾隨父旅居英國多年，英語造詣深厚，也參加了這次競賽，獲得第五名，足知競爭之激烈、奪冠之不易矣！

　　李東閔獲得冠軍的消息傳來，全校師生咸感振奮雀躍。該一事蹟迭經《青年日報》、《中國時報》等媒體披露報導後，國防部長湯曜明先生據報，大感驚訝，以為是校名誤植或報導錯誤，還要求業管軍教單位與總政戰局再三查證，始敢確認。某友校也特別致電本校教務處和英文組，希望瞭解這位學生是否為該校的轉學生。總司令陳鎮湘上將獲報後，對於此一突破性的成績，頗感欣慰，肯定有加，且特地親自蒞校頒發榮譽狀與獎金，

表揚李東閔同學和英文組組長孫玉鍔老師，以及吳美平、蘇碧珠、郭啟美和陳進國等多位參與指導的老師們。他並指示將該一消息刊登在《忠誠報》上，讓陸軍所有袍澤分享此一來之不易的成果。

隨著李東閔大放異彩，英文組的努力耕耘，陸續開花結果。民國 90 年（2001），常六十四期張佑任同學榮獲聖德基督書院舉辦的「全國高中職英語演講比賽」優勝。民國 91 年（2002），他再參加臺北同濟會舉辦的「全國高中英語演講比賽」，經過三十餘場初、複、決賽，有一千五百多名來自國內各學校的學生參賽，居然在名校林立、高手如雲的冗長比賽中，過關斬將，贏得「全能英語獎」。榮獲主辦單位贊助，參加民國 92 年（2003）寒假期間至英國邱吉爾學院四週遊學的獎學金，在十名得獎學生中，張佑任是唯一的軍校學生。此外，民國 91 年，張簡忠義同學榮獲「2002 年臺北英語博覽會英語聽力比賽」第一名，以及聖德基督書院舉辦的全國高中、高職英語演講比賽的優勝。捷報頻傳，全校師生同感振奮、光榮。

此等殊榮，經過媒體的報導和國軍各級會議的轉述表揚，迅速在校內外傳開，不僅打響陸軍高中（士官學校）的名號，建立官師生對於學校和自己的信心，也徹底扭轉了上級長官、各部隊和外界以往對士校的既有刻板印象。這些顛覆性的特殊表現，要歸功張鑄勳、劉艾迪、劉北陵、吳達澎等歷任校長一棒接一棒的正確指導和全力支持，以及英文組歷屆組長、全體老師們接力，秉持為校譽奮鬥、「成功不必在我」的精神，長時間埋首耕耘，不計成敗毀譽，全力以赴，終能在我的任內歡笑收穫，個人恭逢其盛，實不敢居功。

這些「士校驚奇」，是長期默默耕耘、努力累積的成果，絕非僥倖，也不可能一蹴可幾，它對於扭轉士校的校譽暨形象，影響至深且鉅，允宜列入校史重大事件記載。

2-6 自信：開放、多元，允文允武的榮耀

個人在陸軍官校任職時，在儒將童兆陽校長麾下擔任學生部隊指揮官。他曾再三提示我：「所有的教育，都必須透過生動有趣、活潑而具創意的儀式或活動去完成，留下讓被教育者省思與反芻的空間，潛移默化，水滴石穿，才能深植人心，可長可久。」偉哉斯言！我在士校，花了很多時間與精神，帶領全校各單位去規劃、辦理這些活動，目的也是希望透過讓全校官師生，甚至家長親身參與的過程，瞭解士校的教育目標與傳統精神，體認學校的用心和努力，進而提振全校師生的自信心與榮譽感，使人人皆以身為士校的一份子為榮。

一般人對軍校的印象，大多持保守和封閉的觀感，早年的士校，更是給人一種諱莫如深的感覺。士校沒有校服，學生穿著軍服外出，校外人士也以「小阿兵哥」視之。其實士校的學生跟其同年齡的孩子一樣，有十足的創意，以及充滿青春活力的一面。自學校改制、校園整建後，學生素質已經有非常明顯的提升，師生對學校和本身的方方面面，也逐漸建立自信心。個人的理念：軍校生的領導才能、任務執行能力，應該透過各種不同的方式加以培養，讓他們從「做中學」釋放出自己的潛力，增強對自己的信心。

到校不到半年，我做了一個大膽的嘗試，責請學生輔導中心主其事、學務處、學指部和各教學（科）組配合辦理，在聖誕節前夕，舉辦了本校一場史無前例的大型學生舞會。舞會整體構想，程序和執行，由輔導中心、國文組暨社會組幾位才華橫溢的老師：林秀娟、黃珮怡、蘇瓊瑩等人策劃，但場地布置與所有行政工作，都由學指部指導同學們自己設計和辦理，班導師從旁輔導。

☆本校學生合唱團演唱愛國歌曲。

☆筆者在學生聖誕舞會開舞前致詞，後方著白色服裝者即為北一女中熱舞社的同學們。

　　同時，為了讓整場舞會更加生動活潑，特地委請機工科老師巴白山博士（曾經擔任教務處副處長，目前任職國立臺北教育大學教務長），透過他在臺北市立第一女子中學擔任軍訓教官的姊姊，邀請北一女中「熱舞社」的同學們到校表演、同樂。在舞會裡，北一女的同學們落落大方，充滿自信，舞藝純熟生動，熱情洋溢，確實展現了全國首屈一指名校學生的風範和氣質。本校學生受場地限制（註：在龍關校區的學一營餐廳），原則上以三年級優先參加，一、二年級擔任接待和服務工作。為了避免影響舞會的氛圍，我僅在開場前致詞歡迎友校，並勉勵同學在舞會中學習生活禮儀，並未全程參加舞會，但因舞會是首創，能否順利按程序進行、達成預期目的，同學們的言行舉止是否得體，舞會能不能達成預定的教育效果？在在都讓我忐忑不安。嗣後，經心輔中心和學指部回報，我們的孩子舞技不俗，應對有禮有節、活潑且謹守分寸，相較之下，一點也不遜色！這個活動印證：一個有活力、充滿朝氣和自信的學校，必須透過各種經創意思考、苦心設計而深具教育意義的活動，藉以改變校園氛圍，帶給孩子們一個愉悅而溫馨的學習和生活環境，並把學校的名聲傳播出去，我想這場舞會已經達成預定的目的。非常感謝學校許多熱心的老師和幹部，他們的付出，讓我更有信心一步一步實現其他的構想。

☆筆者在學生聖誕舞會開舞前致詞。

幾乎與學生聖誕舞會同時，在英文組、輔導中心和各科組師生同心協力下，策劃辦理了一齣英語話劇，其目的在激勵研習英語（文）的風氣。該劇由師生自行負責編劇、舞台設計和服裝租借等事宜，且由官師生分別扮演各種角色。個人也被拱上臺，粉墨登場軋了一角，扮演國王的角色，服裝由主辦單位代為租借，王冠和假鬍鬚由心輔中心老師自製，台詞不多（以我的「菜」英文，勉可應付），串場走走台步，也不需要什麼演技，但校長親自下場，搖搖晃晃，犧牲色相，博君一粲，具有帶頭作用，帶動全校官師生兵參與的熱情，整個過程笑聲、掌聲不斷，不僅行銷英語教學，也拉近校長與官師生兵的距離，展現多重效果。

☆筆者參加聖誕節英語話劇演出。

　　為了增進學生的藝文素養、讓校園注入更多的人文氣息，我們在耶誕節前也由政戰部主導，社會組與心輔中心、學生部隊協力，舉辦「聖誕節音樂會」。音樂老師劉燕倫女士主修聲樂，演唱了幾首大家耳熟能詳的藝術歌曲，而主修鋼琴等樂器的洪秀蘭老師則彈奏鋼琴名曲，林秀娟老師自彈（吉他）自唱，也秀了幾首當年頗為風行的民歌。此外，還有其他的官師生上臺表演，曲目與方式時遠已不復記憶，然而所有人都沉浸在悠揚而優美的樂聲或歌聲中，氛圍溫馨而愉悅，個人倒是記憶深刻。

☆筆者讚揚「聖誕節音樂會」演出成功，並向參與的官師生兵致謝。

☆筆者致贈勇士公仔（陶俑）予承辦聖誕節各項藝文活動的老師。

　　元宵節是中國人傳統的重要節慶，主要的活動是賞花燈、猜燈謎、放天燈、燃蜂炮和吃湯圓（元宵）。欣逢該一節日，恰好學校寒假剛剛結束，為了讓孩子們有家的溫馨感覺，並瞭解元宵節的由來和意義。學校除了加菜、煮湯圓，並且由圖書館主辦，學指部協辦，策辦花燈創意競賽和晚會，花燈競賽由各班級發揮創意，運用各種材質，製作讓人眼睛為之一亮的各式花燈。元宵節聯歡晚會和猜燈謎，在建國校區的中庭舉辦，由本校的國文組才女蘇瓊瑩和電子科帥哥陳信傑等兩位老師聯合主持，說學逗唱，插科打諢，妙語如珠，炒熱喜慶氣氛，加上各社團精彩的表演，全場歡聲笑

☆元宵節聯歡晚會點燈開幕儀式。

☆筆者、政戰部張主任暨學指部指揮官在元宵節聯歡晚會扮演跳加官，自娛娛人。

龍岡憶舊：從士校到陸專的蛻變

語，氣氛熱烈。個人與政戰主任張寶輝上校、學指部指揮官許福生上校則被設計：中途換裝，變身跳加官的財神爺，在舞台上扭腰擺臀，拋送元寶（糖果），雖然汗流浹背、氣喘吁吁，動作笨拙，卻引發臺下所有官師生兵樂不可支，達到自娛娛人的效果，讓官師生兵都感受到學校就像一個大家庭，每個人都是重要、不可或缺的家人。

尊師重道
嚴師高徒

☆筆者在元宵節聯歡晚會後，與參與表演的學生合影。

　　此外，學校在校友會（尤其是桃園校友會）的協助、家長的支持，以及所有官師生兵的熱情參與下，曾經辦理過多次人數高達萬人以上的大型懇親園遊會，廣袤的校園擺滿了各式各樣的攤位，參加者萬頭鑽動，擠得水洩不通。活動報到或結束時，洶湧的車潮、人潮，輒造成中壢中山東路、龍東路和榮民南路一帶交通打結，必須求助華勛派出所暨中壢憲兵隊派人幫忙交管，才能漸次紓解車流，防止民怨。個人離開士校後，本身所參與的類似活動，除了步兵學校某次校區擴大開放（僅有武器裝備展示與體能戰技表演，沒有辦園遊會）外，幾乎很少看到類似的活動盛況。

凡走過的必留下痕跡，努力過的必能有所收穫。由於歷任校長帶領所有官師生持續不斷的努力，加上後來的用心經營，在改變外界對士校的刻板印象、建立全校成員的自信上，的確有了重大進展。譬如：一位在校任教二十幾年的資深老師，曾經親口告訴我：早年他在外人面前，都不好意思自承是在士校擔任教師，邇來學校脫胎換骨，學生素質大幅提升，學校所具備的條件，以及舉辦活動的規模和表現，是很多文學校做不到的，讓他們深感自豪。他現在覺得在士校教書是一件很光榮、很有面子的事，並樂於和親朋好友分享在軍校服務的經驗，且帶親朋好友到學校來參觀，熱心介紹他們的子弟報考本校。這些案例讓我深切體認到：肯定自己，是建立自信心的基礎，更是獲得外界認同的憑藉，假如你不能肯定自己、缺乏自信，怎麼可能爭取到別人的肯定和認同呢？個人如此，團體更是如此。

☆筆者在新生懇親會與家長暨學生話家常。

2-7 宿舍：爭取設立教師職務宿舍的一樁憾事

本校的軍士官和老師，有許多眷籍地都在中南部，路途遙遠。軍士官在校區設有寢室，攜眷者可以申請龍岡通信群營區對面或八德防警部附近的軍職人員職務官舍，基本上，在住的方面，沒有太大問題；反之，文職老師則須在學校附近租賃民房居住，徒增一筆支出，女性老師且有安全顧慮。我到校不久，就接獲報告：某位在校外租屋的女老師，住處遭歹徒闖空門偷竊，受到很大驚嚇，為安全起見，暫時將她安置到校內的女官宿舍，但這個作法，終究只是權宜之計，無法徹底解決文職老師居住的問題。

☆原爭取「慈光十村」、「慈仁四村」設立教師職務宿舍。

嗣後，據瞭解：緊接本校建國營區西側門（通往中山東路）、有兩個近在眼前、卻不是本校列管的眷村。一個是婦聯會興建，於民國73年（1984）3月10日落成，當時由陸軍第六軍團列管的舊式職務官舍：「慈光十村」（註：允許已經退役的官士或眷屬居住，地址位於中壢市中山東路155巷，也就是本校建國新校區西側門的南邊，步出校門即可到達），

是一座連棟四層樓的建築，可以容納二百六十四戶退伍軍人與眷屬。另外一個眷村也是婦聯會興建，於民國73年3月4日落成（研判與上述慈光十村同 時施工，同時落成啟用），由聯勤總司令部列管的特種職務官舍：「慈仁四村」（據悉是安置國軍因公殉職遺眷之用），也是一座連棟四層樓的建築，可以容納一百六十四戶遺眷。這兩個眷村緊鄰本校，因地利之便，本校的文職老師或未申請到職務官舍的軍職幹部眷屬，不乏去承租（分租）使用者。

當時，國軍推動眷村改建的政策，正全面展開，「慈光十村」與本校列管的「富台新村」，都列入改建名冊，眷戶即將陸續遷往內壢新建的自立精忠六村國民住宅，後續該二眷村將全部拆除，移送財政部國有財產局（現已升格為國有財產署）將土地拍賣，款項納入眷村改建基金運用。而「慈仁四村」，因為性質特殊，是否改建，動向不明，住戶也沒有任何搬遷的跡象，研判短期內改建拆遷的可能性不大。

於是，我將目光投向了「慈光十村」，希望有機會爭取免拆，直接轉為本校的職務官舍。該村量體不大，有兩百餘戶，興建時間不超過二十年，屋況非常良好，根據相關法規：鋼筋混凝土結構建築五十年壽限計，尚可使用至少三十年。我想這些房屋屋齡不高、屋況良好，如能申請撥用，稍加整理，即可做為教師與軍士官職務宿舍，有利安定外地老師的生活，確保渠等安全，延攬並留住優秀師資。而且志願役官士的眷屬，亦可就近入住，不必與第六軍團等野戰部隊官士爭配額，一舉數贏，的確是一個不錯的方案。

經協調陸總部相關單位，獲得告知：該等眷村的後續處理，是國防部後勤參謀次長室暨總政戰部的權責，如有需求，應該先協調職務官舍業管單位後次室同意後，再逐級辦理申請設置與房舍撥用等事宜，以免事倍功半，甚至徒勞無功。於是，我準備了相關資料和說帖，經過在國防部任職

的同學安排，信心滿滿前往後勤參謀次長室拜訪業管處的處長。不意那位處長沒等我報告完畢，就很不耐煩的對我說：「老弟！那個眷村的確是要搬遷處理，但是還輪不到你們士校去用。」說完即有送客之意，我很識趣的告退，本來很好的構想方案，鎩羽而歸，實有憾焉。這件事讓我再次見識到高司單位的僚氣之盛，是一個非常不愉快的經驗。我經常在想：人在公門好修行，身在高司，如果能心繫基層，聆聽基層的心聲，為基層解決問題，是不是可以為國軍乃至國家社會做出更大的貢獻？反之，因循苟且、畏縮怕事，尸位素餐，豈不辜負國家的栽培？一個將級主官協調公務，尚且要吃這種排頭，校尉級參謀前往開會或協調業務，會遭受何種待遇，實難想像。

　　在我赴國防部協調後不久，學校西側門左側（靠崎頂路一側，最靠近學校）的眷村「慈光十村」住戶，即陸陸續續的搬走了，不到一個月時間，因為主管單位疏於巡管，一些可以變賣的鋁門窗、鐵窗、屋內的電線、玻璃等等材料，悉遭拆除，只留下空蕩蕩的窗孔和門洞，神似一排失去眼睛的骷髏頭，不及半年，就變成遊民出沒的廢墟，個人見狀，痛心疾首。

　　多年後，我調任國防部常務次長（民國96年），發現該長排的眷舍，仍然以廢墟的面貌矗立在士校西側圍牆外，但多年風雨摧殘，雜草灌木叢生，建築已經破爛不堪，即使耗費鉅資也難修復。個人退伍後（民國102年），迭次應邀返回母校參加活動，某次路經中山東路，發現該處已經夷為平地，然而歷經多年，依然是雜草叢生的荒蕪空地，等待著國有財產署執行拍賣。從我發想設置教師職務宿舍（民國89年）起算，該眷舍歷經住戶遷出、變成廢墟，以及拆成空地，歷時長達二十幾年，至今仍然閒置一隅，前途未定，如果當年改成教師職務宿舍，可以造福多少人啊！花費數億預算興建、使用不到二十年的建築，說拆就拆，且長期無所作為，浪費公帑、怠忽職守，莫此為甚。國防預算如此耗損浪費，難以計數，個人

退伍多年,每思及類似案件,仍有錐心之痛。相較之下,緊鄰的另一連棟的眷村「慈仁四村」,較晚遷出,政策轉向,維持良好屋況,現在已經改為北部地區志願役官兵職務官舍,繼續發揮它的功能。(註:今(114)年元月中旬返校,路過慈光十村舊址,看見該一區域樹立「桃園客家文化園區用地」看板,想來已由地方政府無償撥用,令人徒呼奈何)

回顧這段往事,感觸良多。當年高司單位本位主義、多一事不如少一事的文化,以及對上唯唯諾諾、曲意逢迎,對下盛氣凌人、頤指氣使的官僚習氣,讓我印象深刻。個人在民國95年(2006)年底,由步兵學校奉調國防部服務,不斷警惕自己:要低調謙遜,善待基層,耐心傾聽下級意見,熱心協助處理、解決問題。且經常提醒所屬幕僚同仁:對來洽公的各次長室、局、司的幕僚,乃至下級單位的代表,都要以禮相待,將心比心,不可眼高於頂、盛氣凌人。

☆新建校舍一隅空拍圖。

☆整建後的士校校園廣闊優美,在國內並不多見。

輯三

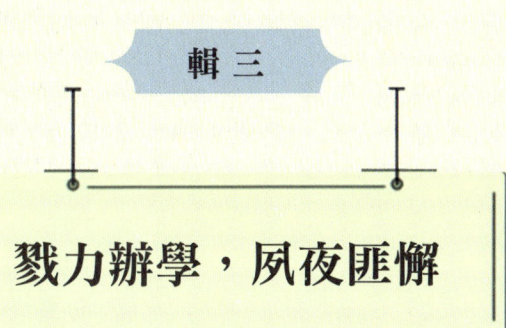

戮力辦學，夙夜匪懈

☆本校規模盛大、跨校際「閱讀嘉年華」與會嘉賓剪綵活動。

☆44週年校慶在龍關校區大操場舉行閱兵儀式，軍容壯盛。

3-1 招生：一步一腳印的苦行追尋

　　名師固然可以出高徒，但朽木不可雕、糞土之牆不可杇也。學校的老師再好、隊職幹部再優秀，軟硬體條件再好，如果學生的素質太差，斗筲之器、窳劣之徒難以造就，教育成效定然事倍功半。因此，如果要大幅提高士校（陸軍高中）的教育成果，進而提升部隊士官的素質，光靠增進學校的師資、設施設備等教育環境與條件是不夠的，釜底抽薪之計，就是設法招收到更多優質的新生，這項工作是重中之重的急迫要務。

☆筆者勤走全國各國中校園，實施招生宣導。

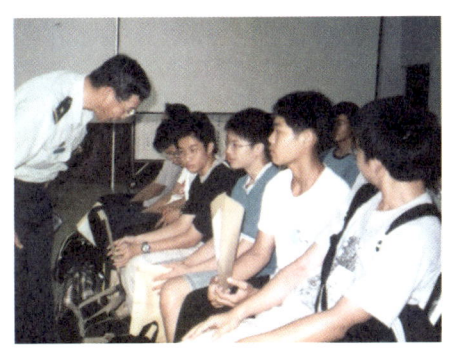

☆本校招考新生考試，筆者給考生加油打氣。

為了招生，前人想必都已窮盡洪荒之力，使遍所有的方法，期望招到優質的學生，迄吳達澎校長時，入學新生質量已有顯著提升。然而，好，還要更好，提升新生素質的標準並無止境。我綜合了前人的經驗，苦思突破之道，決定採取看起來很笨，但應該是最踏實有效的辦法：就是親自帶隊勤走各國中校園，以最大的熱誠、最誠懇的態度，直接面對招生對象最具影響力的人或單位，也就是國中（完全中學）的校長、負責學生生涯規劃輔導的輔導室，以及廣大的國中學生！既對校外展現誠意和決心，也帶動校內所有官師生參與招生的熱忱。其具體作法，除了按照「勤耕耘，廣撒網，積少成多」，劃分責任地區、學校，將老師、幹部與學生適切編組，走入各國中校園，實施招生宣導的傳統作法外，也將自身化為整個招生工程的驅動力量，身先士卒，帶頭執行這項工作。個人在重要的會議，公開宣布，發願要在四年任期內，走遍臺澎金馬七百三十幾所國中與附設國中部的完全中學，矢志要當士官學校第一號的宣傳員。

由於臺灣地區地域遼闊，學校眾多，要達成此一宏願，沒有強大的毅力和周全的規劃，恐怕難以實現。因此，我們很務實地規劃、制定了具體執行計畫，首先是在新校區（建國營區）的中央位置成立「招生管制室」，建立所有國中的基本資料，將其校名、地址、學生人數等基本資訊，列表大圖輸出，張貼在管制室正面的牆壁上，並填上歷年報考及就讀本校的學生人數。且深入分

☆筆者在新生報到日，接受媒體採訪。

戮力辦學 夙夜匪懈

析各國中（完全中學）的地理位置、縣市經濟發展狀況、家長平均社經條件和學生素質等相關因素，據以評估各校招生的預期成效，再以以紅、綠、黃等顏色，標記拜訪和招募的優先順序，循序漸進，由校長親自率隊逐一前往拜訪，每造訪完成一個學校，即在該校校名下方格子上，貼上一張色紙標誌，進行管制，激勵士氣，並帶動所有官師生招生的熱情。

☆筆者接受聯合報記者汪士淳先生專訪，鼓勵青年人投考士校報效國家。

☆筆者貫徹招生方案不遺餘力-接受記者團訪問。

其次，為了貫徹該一招生方案，我們也訂立了全程的戰略（策略）構想，做為細部執行計畫的指導。此一構想：預定以本校為中心，從校區所在的桃園龍岡出發，以桃園縣（現在的桃園市）、台北縣（現在的新北市）、新竹、苗栗為招生核心區域，花東、宜蘭、「九二一大地震」災區、偏遠鄉間山區、外離島為招生重點區域。且評估、比較與本校性質相近、招生對象相同的軍校，彼此的招生優劣形勢，發揮本校地理相近的空間優勢（離家近、適應容易、父母照顧得到……等等），律定拜訪區域、學校的優先順序。決定以濁水溪為界劃分，先北後南（評估濁水溪以南，中正預校、海空軍士官班隊招生較具地緣優勢）、先東後西，先鄉村後城鎮都會，先偏鄉後市區，先社經弱勢族群後中產階層。這些構想也以大圖輸出，張貼在管制室牆上，指引著學校招生的方向與原則。

於是，個人啟動周遊臺澎金馬，展開一年多苦行僧式的招生之旅。出發拜訪的第一所國中，是近在咫尺的龍岡國中。當我穿著軍常服走進校園，該校校長林文彬先生和師生都非常訝異，因為兩校雖然位置緊鄰，但數十年來卻極少互動，也少有士校校長如此正式親自到訪。我與林校長相談甚歡，特別邀請他率該校師生到學校參訪，也歡迎借用本校各種設施完善的場地，辦理各種活動。林校長也展現合作誠意，安排了朝會的時間，邀我對全校師生介紹改制後的士校，引起很大迴響。嗣後，該校校慶，個人率政戰主任親往道賀，並派出鼓號樂隊去做表演，龐大的陣容，雄壯的樂聲，盛況空前，造成極大轟動。本校校慶時，也邀請林校長前來觀禮，彼此互動熱絡。由於拜訪龍岡國中的正面效應，給我很大信心，「精誠所至，金石為開」，於是，我們的環島招募小組擊鼓誓師，正式啟程出征了。

☆筆者與政戰主任黃慶靈上校拜訪桃園縣地方首長，尋求支持。

招生活動，由龍岡逐步向外擴展，走訪八德、平鎮、大溪、龍潭、石門、楊梅、大園、蘆竹、龜山、南崁……等各地的國中，甚至山地偏鄉的復興國中，都沒有遺漏。走完桃園的重點國中，即進入人口大縣：台北縣的國中，並向「九二一大地震」災損嚴重的南投縣、台中縣、雲林縣擴進。

當時，我偕同教務處長董尚凱上校、考核科的承辦參謀溫學祺少校（陸軍官校六十二期），成立三人小組，帶著招生簡章、海報、校況介紹的摺頁和一些小紀念品，官兵四人（含駕駛）開著一輛超齡的得利卡旅行車，「凸歸台灣」，足跡遍及全島各地。

因為行程緊湊，一天通常要跑三到四所學校，預約時間迭經協調，來之不易，非不得已絕不能隨意變動，因此，有許多次我都是抱病赴約的。有一次到南投，我因重感冒未癒，暈頭轉向，又不便臨時叫停，聽醫囑多喝水有利儘快康復，便在出發之前備妥一箱大瓶的礦泉水，一路上不斷的喝水，水多脹腹，必須排洩，於是沿途的加油站，都會看到一個穿著軍服的少將軍官匆忙下車奔赴廁所，短暫停留，又匆匆上車絕塵而去的畫面，不意到了南投，病情居然大為減輕。此外，某次到花蓮招生宣導，在拜訪完美崙、花崗等國中後，突然發高燒，頭暈目眩，非常不舒服，為了避免影響翌日的行程，找到英雄館附近的一家刮痧按摩店，因為刮痧、熱敷，加上旅途勞累，竟不知不覺睡著了，直到快打烊，才被仁慈的老闆喚醒，頭痛症狀竟自不藥而癒，留下非常特殊的記憶，這算不算是「天道酬勤」所致呢。

這種苦行僧式的招生模式看似笨拙，卻是一步一腳印，步步踏實的方法，凡走過的必留下足跡，有著正面的影響，收效甚大。其效果彰顯在幾個方面。初期觀察是被訪問學校的反應，其次則是顯現在招生的人數與素質上。

我記得當初開始執行拜訪行程時，有部分學校聽說是士校來招生，雖不能說是完全採取敷衍應付的態度，但不甚重視的心理，是看得出來的。有些學校派出輔導室老師、主任或學務主任接待，有些則推託協調時間太匆促，來不及安排學校的高階主管接待。然而，不管其接待層級如何，我們都是全心全意認真以對，賣力推介學校的情況與優點，從未曾氣餒或鬆懈。

後來，將軍校長親自出馬、誠懇宣導的風聲逐漸傳開，士校的名聲越來越響亮時，絕大多數的國中，一反過去虛應故事的態度，大多是校長率領幾位主管親自接待，更有學校邀約利用週會、升旗典禮或聯課活動時

間,請我幫全校師生介紹士官學校以及畢業生的出路。讓我印象最深刻的學校,一所是桃園大溪的大漢國中,該校校長林逸青博士(是一位女性的青年才俊,後來當過壽山國中籌備處主任、校長,桃園縣教育局長),對問題的瞭解最深入,對軍人與軍校極為友善,且多次邀我到該校演講,嗣後我帶新生到復興鄉自強活動攀岩訓練,路過大溪,都會順路去拜訪她。另外,還有八德國中的鍾禮章校長,多次邀我到校演講,並堅持支付演講鐘點費,推辭未果,我只得收下並轉贈該校圖書館做為購書之用。

而最令人感動的,則是花東之行,到了花蓮與臺東交界的富里國中,在該校訪問時,校長李明華先生親率輔導室主任接待,聽完我的一番簡報後,居然盛情邀請,希望我跟全校師生講講話,俟我首肯,即廣播通知:全校暫停當時所有的課程,所有師生到體育館集合,席地而坐,聽我報告士校的狀況與畢業生的生涯規劃。鄉下孩子淳樸、守紀律,並不因為此一臨時插入的行程,有所躁動或抱怨,反而安靜專心聽講。當年他們那種專注的眼神,專題報告結束時熱烈的掌聲,雖時隔二十幾年,依然深深烙印在我的腦海。離開該校時,校長還一再感謝我給偏鄉的子弟介紹了另一條可以選擇的生涯規劃途徑,那種教育家對學生關愛備至、慮及長遠的胸懷,讓我非常感動。

這種逐校拜訪宣導的作法,隨著時日累積,拜訪過的學校漸漸增加,其成果明顯揭示在招生管制室牆上的大統計表上。不同顏色、密密麻麻的標示點,標定我們曾經走過的痕跡;玻璃櫃裡擺滿各個國中(完全中學)贈送的紀念品。這間管制室規模雖然不大,卻成為長官視導與來賓參訪的必到之處。因為它見證了我們的企圖與努力,鼓舞著我們必須走出去,應該被看見,做為一所條件優越、對國家社會有著重大貢獻、前景無限的學校,我們有著更多的自信,不必藏拙。

3-2 豐收：流淚流汗耕耘過的，必能以歡笑收割

☆本校學生主動報名參加總統府前元旦升旗典禮，砥礪愛國情操。

　　國防部湯部長原本指導：士校這任校長的任期至少四年，俾檢核治校成效，修訂辦學政策。個人非常喜歡教育的工作，到任後也下定將學校辦好的決心，做了長期奮鬥的規劃。在招生的作為上，預定在任期內走遍全國所有的國中和完全中學，每個學校至少一輪以上。可惜事與願違，我任職一年七個月，即奉調國防大學擔任教育長，短暫的任期內，僅跑完二百二十七所學校（概約三百餘趟，有些鄰近或重點的國中，不只拜訪一次），雖有遺憾，但預期的效應和影響已經產生。

我到校第二年（2001），招考常六十五期的新生，預定招收的目標是一千六百人。按照往年經驗估算，錄取而未報到人數，以及短時間因適應不良等原因淘汰數量，合計概約二百餘人，最終會穩定留下來的人數，概有一千三百至一千五百人之間。但因報考人數爆增，我們大膽超收了二百人，共計錄取了一千八百人，原先預判一個月內，學生即可降至預定的穩定人數。不料新生報到比率極高，且退學人數甚少，完全出乎當初的意料。如此多的新生，教室容量不成問題（本校有三棟教學大樓，教授班採小班制，每一期有三十六個教授班，增加幾個班，每個班再增添三、五位學生，不會造成太大問題），倒是新生宿舍被擠爆，生活設施發生百餘人的缺口，只好向聯勤第三後指部（現在改稱地支部）申請調借所需陣營具（鋁牀、內務櫃等）暨經理被服，且臨時將國文組和社會組的幾間專業教室（註：鄰近新生營宿舍大樓，指揮掌握和生活照顧較便利），改裝為學生寢室，並就盥洗和用餐等生活需求，做了相關安排。當時，新生營每個連的人數爆增，都達到二百餘人，隊職幹部的生活管理與照顧壓力極大。入學人數增加雖然給學校帶來許多困擾，但我們的內心卻充滿信心與希望，因為一則：士校對於年輕人及家長們已經產生了吸引力；再則，學校只要辛苦一段時間，部隊基層士官短缺的問題，將逐步加快獲得解決，前景可期，難得的機遇值得把握。

　　改制綜合高中後，本校的新生不僅報考人數劇增，入學成績也有長足的進步，很大比例已經達到公立高中職的水準。常六十四期在一年級下學期招收轉學生時，就有多位公立學校學生轉讀本校，其中還包含一位師大附中的轉學生在內。常六十五期素質也有明顯提升，讓我們難以割捨。常六十六期招考和入學時我已離職，但據繼任的郭亨政校長告知：這一期新生入學成績更高。這些轉變與效應，對桃園縣、台北縣市的公立高職與私立高中職學校招生，都直接或間接造成衝擊和影響，引發他們的警惕。

☆筆者偕政戰主任張寶輝上校在懇親會活動時,與官師生暨家長互動。

此外,在招生宣導的過程中,曾發生幾件較為特殊的狀況,讓我印象深刻。其一是,個人曾親自拜訪、實施宣導的某一偏鄉山地國中,校長對於士校的狀況,也略有耳聞,經過我們說明士校改制的現況,更認同原住民子弟投身軍旅,是一條非常好的出路,於是積極鼓勵學生報考士校。是以當年該校應屆畢業生未達百人,卻有二十幾位報考本校,其中不乏得過各種運動賽事獎牌的運動健將,可惜最終都因學測成績未達錄取標準而落榜,以致該校輔導主任打電話到學校招生管制室來抱怨,讓我感覺歉疚與遺憾。

其次,有一位來自單親家庭、曾多次當選孝悌楷模的考生,也因分數些微差距,未達錄取標準,而與入學失之交臂,其母親親自到校,苦苦懇

求,希望學校破格錄取,惜乎招生簡章白紙黑字,毫無彈性空間,只能好言相勸明年再來,忍痛婉拒。這兩件事,讓我重新思考國軍士官幹部到底需要什麼特質的人,檢討本校招生的條件,是否太過偏重智育,輕忽德育、體育和群育等方面的表現,而陷於僵化?以致於將一些本質特性非常適合從軍的孩子拒諸門外。這些特殊的案例,也使我興起增設體育科和修訂招考錄取條件的想法。

再者,常六十五期有一位被錄取的考生,家住南投縣信義鄉水利村一個非常偏僻的山地部落,因為颱風過境,陳有蘭溪溪水暴漲,洪水沖刷致部落連外的橋樑傾圮、主要道路更是柔腸寸斷,對外交通幾乎陷入癱瘓。該生為了趕來龍岡準時報到,居然獨自一人揹著行囊,徒步翻山越嶺,穿過湍急的山澗溪流,艱辛跋涉十餘小時,經由水里轉車到臺中,再由臺中搭火車到中壢,在報到時間截止前及時趕到。接獲考核科的報告,我的內心非常感動。這個孩子歷經艱險,吃了那麼多的苦,只是為了把握一個力爭上游、向上提升的機會,讓人不捨與感佩。二十多年過去了,但那孩子黝黑靦腆的臉龐和矮小堅毅的身影,依然常在我心。如果不忘初心,努力不懈,他現在應該是一位優秀的國軍幹部了吧?

本校招生的努力暨成效,印證俗諺所說「一分耕耘,一分收穫」,以及西方哲語「流汗流淚耕耘過的,必能以歡笑收割」,誠然不虛。個人從事招生工作的心得:招生成效良窳的關鍵,除了劍及履及,步步踏實,更在於招募執行者,必須深入瞭解學校本身的特質、優勢和完整的資訊,宣導時誠懇實在,不浮誇欺瞞,忌報喜不報憂。所有道理,先要說服自己,本身融會貫通、知其精義且深信不疑,才能有底氣說服別人,讓對方相信。反之,如果職司招募的軍士官不進入狀況,宣導時,閃爍其詞,報喜不報憂,對於考生或家長關心的問題,答非所問,甚至欺瞞不實,將對後續的招生肇生極為負面且長遠的影響。士校的招生如此,官校及志願役官兵的招募何嘗不然?

3-3 和諧：族群融合的四語演講比賽

　　軍隊是一個以道義相尚、講求團結合作，協力達成任務的團體，而團結一心、同舟共濟的精神，必須組成人員在基礎教育時即予培養，始克有成。因此，國軍各軍事院校皆以「親愛精誠」為校訓，講求三軍一體、七校一家，入伍與畢業典禮都聯合舉行，且由層峰或國防部長親自主持。近年來，也將陸軍專科學校等三軍士官班隊新生，納入鳳山黃埔的聯合入伍訓練，其目的無非是從各軍種軍官的團結合作，進一步講求軍士官的融合與團結，務期國軍各部隊上下一心、軍兵種合作無間，共同攜手達成任務。

龍岡憶舊：從士校到陸專的蛻變

☆為擴大族群融合教育效果，國閩客原四語演講比賽選擇在龍關校區大操場舉行。

士校的校訓是「親愛精誠」，培養的幹部，將來也會分發三軍各部隊，在校時授予「犧牲、團結、負責」的黃埔精神，成為教育的重中之重。本校學生的來源，至為廣泛，地域包含臺澎金馬。族群則是涵蓋了閩南、客家、外省和原住民等各個族群。本校的教育，秉持親愛精誠校訓，希望渠等在校時，不分地域、族群、宗教信仰，彼此相互瞭解、和諧相處；下了部隊，更需牢記母校教導，打破本位與隔閡，一起攜手達成上級所賦予的任務。

　　為了不著痕跡達成族群融合、增進彼此精誠團結的教育目標，學校在言教、身教和境教上都費心思，做了許多安排。其中，政戰部學務處、教務處、學指部與各教學組共同合作，籌辦了一場前所未有、頗具挑戰性的「國語、閩南語、客家話、原住民語」四語演講比賽，期望讓各個不同族群的同學，運用自己的母語，表達屬於本身的特色，使全校官師生兵瞭解並尊重其他族群的文化和風俗習慣。為了讓全校所有人都能觀看此一橫跨四種語言的競賽，特地選定司令臺前的大操場舉行決賽。全校四千餘人坐在大餐廳搬來的長條板凳上，興致勃勃的參與盛會，期待看到這場「雞同鴨講」的演講比賽，如何突破語言的隔閡，究竟會蹦出什麼樣的火花。

☆國閩客原四語演講比賽原住民語演講初賽暨決賽情況。

☆國文組舉辦古文朗讀比賽。　　　　　　　☆陸高學生參加全國語文競賽。

　　演講初賽和複賽，由不同族群各自辦理，問題不大，但決賽的籌備和執行就很辛苦囉，光是過程安排與規則制定就大費周章。四種語言雖然分開評比，但同場競賽，聽眾涵蓋全校的官師生兵。國語和閩南語，絕大部分人都聽得懂，比較沒有問題，倒是客家話和原住民語，語系較多分支（當時的原住民共有九族，客家分布桃竹苗、高屏六堆地區、臺中東勢一帶、花東縱谷，口音略有差異），如何聘請評審、公平公正給分，且須讓全校的聽眾「聽」得懂（至少「看」得懂），有興趣參與，且能有所收穫，的確花了不少的工夫去構思和策劃。

　　首先，在演講題目的訂定上，要求儘量淺顯、生活化、容易發揮，我記得當時所訂的題目是「我的父親」。其次，演講內容的框定：七分鐘的時間裡，前兩分鐘，必須先以國語報告自己演講的內容概要，然後再利用五分鐘作母語演說。此外，鼓勵演講者在服裝、妝扮上展現族群特色，靈活生動運用道具與肢體語言，輔助演講內容，讓聽眾容易理解。評審則由校友會推薦相關族群的前期學長擔任，以示公平。如此配合之下，不同族群的聽眾，雖然不可能全部心領神會，但也不至於「鴨子聽雷」了。

龍岡憶舊：從士校到陸專的蛻變

在周密的規劃與準備下，整個活動的效果，超乎我們先前預期的好。尤其是原住民語演講的同學，以迷彩偽裝黥面、紋身，穿戴傳統服裝，攜帶弓箭，佩掛番刀，以誇張的動作，呼嘯跳躍，演繹父親在山林裡打獵的樣子，畫面十足，逗趣而寫實，吸引全場喝采，甚至讓人笑得捧腹飆淚。客家話演講，客家子弟頭戴斗笠、穿簑衣，褲管摺至腿肚，揮動鋤頭，頻頻拭汗的動作，也非常具象表達客家父祖勤勞樸實的傳統。國語和閩南語的演講，也發揮很大創意，在服裝與道具上予人深刻印象。在演講的演繹中，各族的孩子，重溫父輩為家庭奔波的影像，而族群間的隔閡，也逐漸消融於掌聲與笑聲中。這是一種隱性的政治社會化，讓族群相互理解、尊重，不必喊口號，無須文宣，但已然深深扎根在學生的腦海與心田。

　　在一個多族群的社會，團結是穩定與進步的基石，更是軍隊基層穩固、發揮戰力的憑藉。政客為了贏得選票，刻意分化社會階層、世代，撕裂族群，靠著舌燦蓮花，只要激發出人性最暗黑的私偏欺疑，製造人際仇恨，就足以摧毀人群的信任與團結。反之，弭合族群的裂痕，卻需要更多教育的深耕密植，四語演講比賽給我們另一種啟示，那不僅僅是士校應該要做的事情，更是全國所有族群應該共同努力的方向，我們共同生活在這塊土地上，強敵環伺，沒有分裂的本錢。

3-4 用心：設有漫畫專區的圖書館

　　圖書館是一所學校的靈魂，是辦學最核心而重要的設施。它是蒐集、整理及保存圖書資訊，服務全校官師生的場所，旨在建立及維護館藏，以滿足師生資訊、教學、研究或與教育相關的需求。現在圖書館的功能大增，除了傳統保存圖書外，且把地圖、印刷品、或者其他檔案和藝術作品，保存在各種載體上，比如微縮膠片、磁帶、CD、LP、錄影（音）帶、DVD。並通過訪問 CD-ROM，訂購資料庫和網際網路提供服務。此外，主動策辦各項藝文活動，典藏相關文物，更將圖書館的功能發揮到極致。譬如美國的國會圖書館、英國的大英圖書館或俄羅斯的國家圖書館，都是世界最著名的圖書館，是其國人的驕傲與榮光。

　　個人深知圖書館對學校教育的重要性，因此，無論任職士官學校、國防大學或步兵學校，乃至在國防部主管學校教育，都極為重視圖書館的經營，支持圖書館的各項活動，爭取編列足敷運用的預算，認為那是辦學成效良窳的指標。

☆89年圖書館搬遷至建國校區士官長正規班大樓。

我在士校任職期間，做過很多決策，其中自認最有意義且深具教育價值的，應該是圖書館的搬遷活動。緣起於學校正值校區整建新舊交替階段，所有老師辦公室（研究室）、學生教室和各工科實習所需場館，英文視聽教室，國文、社會、數學、自然、音樂、美術等各組的專業教室，都已經轉移到建國營區新建的教學大樓、各實習工廠上班、上課，部分低年級的生活區，也遷到新校區的宿舍大樓，但做為教學與研究核心的圖書館，因為整建期程，與行政大樓一起被排入第二期，還孤零零被留在舊的龍關營區，距離教學區足有數百公尺之遠，往返費時費力，官師生前往運用的意願降低，很難發揮應有的功能。

個人到任後某一天，巡視校區，信步走到一棟頗為特殊的建築：圖書館（註：據說曾是先總統蔣中正視導士校時小歇或駐蹕的地方，建築頗具特色，可惜在整建後期被拆除了），只見館內整潔雅致、館藏圖書頗為豐富，編目借閱等管理也很嚴謹，是一所很上軌道的圖書館。此時，圖書館主任謝鳳珠小姐去新校區開會，館員孔貴珍小姐值班櫃臺，但空盪盪的館內，卻沒有一個讀者。問過原因，才知道新館工程規劃在三年後才開始蓋，目前僅在教學大樓Ａ棟的四樓設置圖書室，放了部分工具書、參考書籍和書報雜誌，其他的圖書和設施設備只能留在原地，造成大部分圖資閒置、無人問津的情況，很是可惜，尤其有限的館員還須分區值班，人力非常拮据而辛苦。

☆圖書館因應校園整建，於新建教學大樓Ａ棟四樓增設閱覽室。　☆72年整修完成的圖書館。

我深知圖書館的重要性，心疼館員的辛勞與資源的浪費，便決心尋找合適的空間，籌措所需經費，希望在最短的時間內將所有圖資搬到教學區。自助則人助、天助，不久適有一筆教育部補助的預算一百九十八萬八千四百元撥發到校，且限定要在年底前執行完畢，辦理結案。校內各教學科組聞訊，都詳列計畫，大力爭取，希望充實本單位的教學設施設備。然而，經過權衡輕重緩急、仔細盤算評估後，個人決定全數撥給圖書館移轉之用（註：圖書館自認爭取到此筆預算的機率不高，當時並未提出運用計畫），大出全校各單位意料，經我溝通說明後，多表認同。

☆當年執行圖書館搬遷的工作夥伴，左起楊承昌、黃惠珍、謝鳳珠主任、喻景暉、孔貴珍、王家儀（圖左）；陸總部後勤處訪視圖書館－漫畫區（圖右）。

　　臨時新館遷移的位置，要在新校區適中位置，且需足夠的空間，則始終遍尋不著。尋尋覓覓，最後選定位置在幾棟教學大樓的北側、當時閒置未運用的士官長正規班大樓一樓的廚房和餐廳（註：士官長正規班大樓設有廚房、餐廳，一應俱全，卻沒有炊事人員的編制，無法自行開伙，幹部與學員都在學生營聯廚搭伙，偌大的廚房大門深鎖，餐廳則改為受訓學員的自習教室，使用率不高）。會勘時，校部某高勤官堅決反對，認為正規班大樓新建未滿五年，不得擅自變更用途，否則將會遭到審計部糾舉。個人審慎衡量利弊得失後，認為教育的需求重於一切，與其任由國家資源閒置浪費，還不如善加利用，即使因此遭受糾舉處分，也在所不惜。乃在

現場下達搬遷決心,並做三點相關指示:「一、請儘速清空並封存該大樓所有廚房與餐廳的設施設備(搬至學二營地下餐廳庫房),將士官長正規班大樓一樓和一、二樓梯間的所有空間,均移交圖書館運用,希總務處與學指部配合,限期完成,不得有誤。二、請將士官長正規班大樓一樓等相關空間,重新規劃運用為圖書館案完整簽上來,有事由校長負全部責任。三、圖書館務必在年底前完成搬遷,教育部補助款的支用、結報,要如期完成,不可逾時。」我做了最堅決的定:圖書館的搬遷勢在必行!

　　圖書館的搬遷,是一個艱鉅而具高度挑戰性的任務。首先,臨時新館的設計、施工都需要經費和時間,但我們僅有區區百來萬元,而且被限定在個把月後的年底執行完畢,如何精打細算,將錢花在刀口上,且能如期如質如預算順利完成,壓力「山大」。其次,是原有圖書館龐大藏書、多媒體資料的打包、搬遷,如何安全的轉移到達定位?在在都是龐雜而繁瑣的工作。

☆「書香薪火相傳活動」鳴槍開始、筆者暨政戰主任張上校以身作則,率先參與「書香薪火相傳」的書籍搬遷傳送活動。

☆建國校區新建置臨時圖書館落成啟用典禮。

然而，圖書館謝鳳珠主任率領孔貴珍、喻景暉、黃惠珍、王家儀和楊承昌等所有館員，抱持高度的熱誠，發揮驚人的效率，不眠不休，跟時間賽跑，在他們的努力下，新的臨時圖書館從規劃設計、招標、施工，到辦理「人力接龍書香薪火相傳活動」，將館藏圖書搬遷到建國營區定位，僅僅花了短短的一個多月，即已完成，並在教育部規定的期限內，完成預算的執行與結報，達成了一項「不可能的任務」，也讓我對圖書館的工作熱誠與強大執行力，印象深刻。

☆在建國校區新建置臨時圖書館舉辦藝文展等多元活動，圖左為筆者引導前校長李健將軍參觀校慶畫展。

新的臨時圖書館裝修完成，但如何將圖書館的藏書從龍關營區舊址，儘快搬遷到建國營區的新館，是一項棘手的工作。為了讓全校師生都參與，並省錢省時將圖書上架到定位，圖書館經過縝密策劃與準備，舉辦了一項「書香薪火相傳」的活動。舉行當天，全校官師生從舊館到新館，沿著道路兩側，排成長長的兩條人龍，像兩線具有生命的輸送帶，一棒接一棒，經由大家的雙手，逐一將每本書，由龍關營區舊館傳送到士官長正規班一樓的新館，由舊館的典藏書櫃，傳遞精準楔入新館的空間，井然有序。整個活動費時多久，時隔久遠個人已不復記憶，但當時參與的每一個人，內心都是充滿喜悅之情，以家有喜事的心態來做這件事，其彰顯的意義，不僅是知識的薪火相傳，也是團結力量大的機會教育，更是教育學生瞭解國家資源來之不易，必須善加利用和珍惜。經過多年努力，陸專現在已經擁

有功能完善，讓人稱羨的資圖中心，但回首前塵，所有參與當年該項傳書薪火相承活動的幹部、老師，以及各期同學們，回憶往昔走過的足跡，必然理解國家為培養人才所投注的資源，毫不吝嗇，而深有所感吧。

☆監察委員（圖左）暨中正預校洪校長率領該校官師代表（圖右）參觀建國校區圖書館。

☆總司令陳上將（圖左）、國防部顧問甯攸武老師（圖右）分別視導建國校區圖書館。

　　民國89年底前，我們以最少的經費，用心在教學區建構一座讓師生稱便、小而美的臨時圖書館。錢少、時間短的籌設工作，並不影響它諸多令人驚艷的特色。譬如：讀者一進圖書館大門，即可看見「河圖洛書」的意象設計。（註：相傳伏羲氏見龍馬負圖出於黃河，而據以演畫八卦，稱為「河圖」。又相傳夏禹時有神龜出於洛水，背上有九組不同點數組成的圖畫，禹因排列其次第，而成治理天下的九種大法。後世將河圖洛書都視為聖王治世的祥瑞徵兆。《三國志・卷二・魏書文帝紀》裴松之注引《獻帝傳》：「河圖洛書，天命瑞應。」簡稱為「圖書」。「河圖」與「洛書」

是中國古代傳說中上天授予的祥瑞之兆。我們將河圖洛書的意象融入圖書館，意在說明圖書館在中華文明最早的起源，鼓勵全校官師生兵自強不息，傳承祖先智慧並賦予創新的時代意義。）且在入門的裝置，安置有吸引年輕人的全副武裝戰士模型，身著前衛先進的武器裝備，與本校的軍校背景和特性相結合。進入書庫和閱覽室，窗明几淨，有專業化的動線設計，擺放舒適的坐椅，細膩規劃可供暫時歇腳小憩或展讀書刊的幽靜角落，讓師生在緊張嚴肅的軍校環境裡，有一方不受任何干擾的空間。牆上懸掛著契合圖書館意象、賞心悅目的藝術品（雖然大多是畫家擬模的複製品，卻全是「拾穗」、「讀書的少女」等名聞世界的名畫），整座圖書館展現新穎、可親，不落俗套的風貌，吸引師生進入滿滿書香與人文氣息的閱讀殿堂。

☆各友校圖書館負責人暨師生代表紛紛來校參觀建國校區圖書館。

　　本座臨時圖書館最大的特色，是匠心獨運在館內設置了一間和室地板、有柔軟靠墊、坐墊，可以舒適坐臥的漫畫書典藏專門空間，採購上架了當年風靡一時的《灌籃高手》、《中華小廚師》、《三國演義》、《足球健將》……等勵志、健康的漫畫，吸引學生樂於進入並運用圖書館，且讓住在中南部假日沒有返鄉的同學們，有一個休閒與知性兼具的去處，不至於跑到中壢街頭去閒晃，或到市區漫畫店看那些充滿暴力和色情的書刊。無論就教育或生活管理的角度觀察，這都是極為貼近青少年、具有創意的設計。

☆新建資圖中心，內部功能齊全，提供舒適的閱讀環境暨融入軍校元素需求。

　　此外，圖書館也設有影音觀賞的專門空間，設有影音資料：從類比式的錄音帶、錄影帶、唱歌，光學資料的微縮影片、幻燈片，到數位類的光碟（DVD）（VCD）（VOD）、雷射唱片（CD）等隨選視訊欣賞設施與座位，提供典藏數量頗為可觀的視聽資料，可供官師生兵或教授班在館內欣賞或辦理外借。這些影音設施設備和運用，不敢說是最頂尖新穎的，但在當年是頗能趕上潮流的。我調國防大學教育長後，年節大多自願留守，也曾向圖書館調借當時頗為熱門的大陸連續劇，如：《雍正王朝》、《康熙帝國》、《三國演義》、《天下糧倉》……等影片或《動物世界》、《世界地理雜誌》等相關影片，自我充實或打發留守時間。

　　這座中繼性的臨時圖書館，籌辦時間非常倉促、經費也極為拮据，在艱難狀況下落成，成果卻讓人讚嘆不已。它是從老師與學生需求的角度思考，突破早年軍校圖書館稍嫌呆板的設計模式，是非常人性化的空間布置

與運用,且與教學區近在咫尺,讓圖書館由過去的門可羅雀,變成門庭若市,真正發揮了圖書館應有的功能。該館廣受官師生兵歡迎,除了資圖借閱外,更在有限的人力和資源挹注下,把圖書館的功能發揮到極致,它與學指部、學務處、心輔中心和各教學科組,協調合作,配合校慶、教師節、懇親會與特殊的節日,辦理讀書會、藝文講座、書畫展、陶藝展、木雕展等藝文展覽,推廣藝術欣賞與閱讀風氣,讓學校充滿人文氣息,沖淡了軍校原本的陽剛、嚴肅氛圍。

　　由於本圖書館出色的設計與運用,逐漸打響名號,名聞遐邇,變成長官視導,來賓、家長參訪必到的「景點」,獲得當時的陳鎮湘總司令,高華柱、安家鈺兩位副總司令、國防大學榮譽講座甯攸武老師、國防部副部長林中斌等高階長官的肯定和嘉許,以及諸多來賓、家長的讚賞和文武院校(譬如:國防大學龍潭校區、中正理工學院,桃園、臺北地區公私立高中職學校等)的肯定,紛紛派人來交流觀摩;中正預校更是史無前例,由校長洪廷舉將軍率隊前來參觀指教,它儼然已是士校的亮點和驕傲。

　　圖書館由舊館搬遷到新校區的臨時館舍,在各種條件的制約下,克服障礙終底於成,印證了天下無難事,只怕有心人的道理。個人對謝鳳珠主任所率領的團隊,克服困難、達成任務的才華與效率,充滿敬意和感恩,二十幾年來,她們都是我最敬重的朋友。至於校部各單位,包含政戰部政綜組、總務處、教務處、主計室、心輔中心、資訊中心,以及各教學科組等單位,在此一過程中,也給予充分的支援和幫助,排除各種障礙,始克有成。

　　這座圖書館從規劃到搬遷,皆能有計畫、有準備、有步驟、程序,鉅細靡遺,周全踏實,圓滿達成任務,圖書館所有夥伴的用心,深深值得敬佩。此外,為了二期整建工程的新圖資中心能盡善盡美,發揮最大功能,謝主任率館員會同校部工程人員馬福忠少校、資訊中心主任郭志強少校,

遍訪全臺各大專院校新建或具有特色的圖書館，如臺大、交大、清華、輔大、成大、明道、東華、蘭陽技術學院（原省立宜蘭農工升格，現為國立宜蘭大學），以及嘉義中正大學等校的圖書館，逐一踏勘，詳作筆記，分析其設計特色與優缺點，對照本校的教育目標與特性，務實擇我所需，且在仲澤還建築師事務所迭次提報設計規劃案時，提出很多不同但頗實際而具建設性的意見，甚至質疑建築師事務所設計案諸多可能潛存的問題，與建築界大老仲澤還建築師（中原大學的講座教授，是鼎鼎大名的建築師，非常具有涵養）爭得面紅耳赤，有時還須身為主席的校長出面打圓場。然而，其積極負責、勇於任事的態度，借鏡各校、言之有據的意見，輒獲得仲老的敬重，納入設計時的參考，終讓學校現在能擁有一座功能完善的資圖中心。這件事告訴我們：無論任何職務，如能全心全力投入，為團體爭取利益，都是值得尊敬的無名英雄。士校臨時圖書館的設置、「書香薪火傳承」活動，以及新資圖中心設計激烈的爭辯，距離今天已經頗為遙遠，但回顧當年圖書館全力拚博、戮力達成任務的精神，以及全校官師生兵同心協力、奮力前行的情境，依然讓人心懷悸動而難以忘懷。

☆95 年完成新建資圖中心，建築宏偉，展現數位多元、新穎文創特色。

3-5 閱讀：推廣讀書風氣眾所周知

先哲有言：「識字卻不閱讀，和不識字的人沒什麼區別」、「今天的讀者，明天的領導者」。知識就是力量，閱讀是一項增進人類知識、提升人員素質、變化氣質的重要途徑。個人治校期間，深知閱讀對學生與部隊的重要性，認為唯有樂在閱讀的幹部，才能從部隊紮根，帶動部隊讀書的風氣。在各種場合，我都不忘提醒所有官師生：士官是基層部隊的骨幹，遍及全軍，影響力甚鉅。唯有喜歡閱讀的士官幹部，才能領導並培養出樂於閱讀、積極進修的「進步型」現代化部隊。而要培養樂在閱讀的士官，必須從本校的養成教育做起紮根，紮根的工作，則賴密植深耕、滿腔熱血的種子師資。

☆本校圖書館與「中華民國書香關懷協會」合作，辦理「班級讀書會種子教師研習營」，筆者致贈理事長黃瑞汝老師紀念品，藉資感謝。（圖左）研習營活潑生動的帶動唱授課情況（圖右）。

☆「班級讀書會種子教師研習營」辦理結訓座談會，精益求精。  ☆筆者暨學校同仁參加由教育部長曾志朗主講的「扭轉乾坤社教講座」。

　　有了這樣深刻的認知，本校圖書館與「中華民國書香關懷協會」合作，辦理「班級讀書會種子教師研習營」，敦請理事長黃瑞汝老師暨其夫婿林錦山老師，來校義務傳授推廣閱讀的心法。官師生報名踴躍，個人與政戰主任張寶輝上校、學指部二、四營營長石文龍、林志穎二位中校也帶頭前往聽課。兩天的課程內容，極具巧思不落俗套，加上黃老師、林老師深入淺出、生動活潑的教學方法，讓參與者對於閱讀的體會，印象深刻。嗣後，圖書館在此基礎之上，持續推動閱讀的相關活動，對於官師生兵的讀書風氣，發揮極大促進作用。

　　因為辦理「班級讀書會種子教師研習營」的成效超乎預期，學校讀書風氣有了非常大的進步，圖書館的運用比率大幅提升，各類藏書的借閱數量激增，也給我們更加積極參與校外類似大型活動的動力和底氣。民國 90 年（2001）4 月 15 日，本校報名參加在中正紀念堂（現改稱「自由廣場」）舉行、有來自於全國五十六所中等學校參展，廣設一百個展示攤位參與的「全國高中讀書博覽會」活動，由校長帶領官師生代表熱烈參與舞書、演書、唱書、談書等系列表演項目。我們在現場展示學校辦理推廣讀書風氣各種作法的具體成果，包括花絮照片、影音書櫥、媒材教案、編撰書刊等各式出版品。因為第一次有軍事學校參與類似的活動，引來各參展友校師生的好奇、參觀。當時教育部曾志朗部長親自蒞臨本校陳展的攤位，對於

戮力辦學 夙夜匪懈

學校的努力與豐碩的成果,大為肯定,並為到場的師生簽名留念。走出封閉的校園,勇敢參與校際類似的大型活動,展現我們的自信,對於改變外界認為「軍人不讀書」、「軍校讀書風氣不佳」的刻板負面印象,有著積極的意義和顯著效果。

☆本校參與「全國高中讀書博覽會」活動,當時的教育部長曾志朗親蒞本校陳展攤位視導,大加肯定。

　　為了擴大「讀書會種子教官研習營」和「全國讀書博覽會」的效果,向外界展示學校推廣閱讀風氣的成果,本校圖書館協同軍教組(組長林皓偉中校)、學指部,於民國90年11月2日在龍關營區大操場策辦盛大的「閱讀嘉年華」,更邀請桃園縣、市長暨議長親臨本校開幕剪綵及頒獎表揚推展讀書會績優學校,並廣邀各軍事院校圖書館主管,以及桃園、雙北地區二十六所高中職校長、圖書館主管和師生代表參加。

　　整場活動以多元靜、動態趣味設計,首先由各校旗手整齊化一的進場,接續由陸高鑼鼓喧天的鼓號樂隊開場,並展開各校精心設計的熱舞演書、國樂吟詩、主題書展及文化小站闖關遊戲等表演活動。各項活動創意滿滿、規模空前,加上濃得化不開的人文底蘊,讓各友校校長、師生和參與來賓大加讚揚與肯定,大大扭轉了文學校對軍校的刻板印象,更增加了本校師生對學校的信心與榮譽感。此外,該次活動並邀請到知名作家蔡詩萍先生,親蒞本校辦理講座,給本校及友校的「蔡大作家粉絲」簽書,把圖書館擠得水洩不通,極為轟動。

是以，個人相信唯有加強與外界的連繫，勇敢走出舒適圈，充分展示本身的特色和優勢，才能贏得社會的瞭解和尊敬，建立應有的地位與形象。我們的學校雖然正值轉型期，但軟、硬體的條件，不斷在進步，絕對超過大多數公私立高中職學校，未來的前景可期，個人充滿信心和底氣。

☆本校規模盛大、跨校際「閱讀嘉年華」筆者致詞暨學生閱讀闖關活動。

☆筆者在「閱讀嘉年華」活動與文學校的學生互動（圖左）暨邀請知名作家蔡詩萍先生，親蒞本校辦理講座並簽書（圖右）。

3-6 語文：開辦士官英儲班

國軍諸多先進武器裝備來自外購，其中大多是美國軍售，少部分為商售。這些裝備的各部分、零組件標示、各項諸元、操作手冊，甚至配合的戰術戰法、訓練操典、教範、教制令，完全是英文，官士兵赴美接裝，沒有具備一定的外語能力是難以達成任務的。此外，為了送訓友好國家，吸收先進戰術、戰法的優點，或敦睦邦誼，甄選時，外語能力良窳是極為關鍵的條件。然而，經常發生軍售接裝或送訓需人孔急，卻因語文難以滿足需求，以致無人可派之窘況。此一情況，不僅浪費軍售教育訓練預算，更延宕武器裝備獲得期程，影響深遠。是以，如何有計畫招訓、培養外語人才，使國軍與國際接軌，滿足國軍接裝、送訓需求，避免產生無人可派問題，提升各軍事領域的競爭力，就是國軍設立「國防語文中心」（以前是獨立的「國防部外語學校」），以及各軍種設立英儲班的宗旨。

☆本校承辦士官英語儲訓班，第一期結訓時師生在校園合影。

☆本校英語儲訓班第二期結訓師生合影。

陸軍為滿足接裝與送訓需求，長年在陸軍官校設立「軍官英儲班」和「士官英儲班」兩種外語訓練班隊，由官校教學部外文系負責培訓。民國90年年初，陸軍總部業管副總司令高華柱中將有鑑於士官外語人才需求劇增，設在官校的「士官英儲班」，距離總部太遠，情報署和人事署都有鞭長莫及、難以督導要求的問題。加上陸軍高中學生李東閔、張佑任等人，在大型校際英語演講比賽迭創佳績，證明陸高英文組師資足堪擔當士官英語培訓大任，乃指示人事署軍教組（組長韓光亞上校）通知本校開辦「士官英儲班」。為了貫徹總部的命令，本校英文組由組長孫玉鍔及郭啟美老師率隊前往官校觀摩取經，官校接獲此一訊息，頗為意外，直呼不可能，迄塵埃落定才相信此事為真。

本校開辦「士官英儲班」第一期，招訓十九員士官幹部，包括十八位男生、一位女生，訓期自民國90年3月5日至6月22日，由英文組資深教師郭啟美、陳進國、孫玉鍔和謝翠琴等人負責授課。英儲班為了達成「為

用而訓、訓用合一」的教育目標，致力於基礎英語的培訓，課程設計相當多元豐富，包括「美國文化」、「英語情境會話」、「軍事英語翻譯」等課程，並結合語文測驗目標，教授「閱讀技巧」、「基礎發音與聽力練習」及「ECL模擬測驗」等專業課程。所有學員在受訓期間，不僅要精進自我英語程度外，各項營務營規、基本體能也不能偏廢。

士官英儲班開辦期間，不僅人事署軍教組非常重視，經常做不定期的督導，並回報總部各級長官。副總司令高先生更是多次親蒞本校，視導英儲班上課的情況，對於執行情況頗為肯定，也對未來精進作法，多所指導，本校獲益匪淺。

本校第一期英儲班受訓時，主動積極，認真學習，師生互動密切而良好，所有受訓的學員幾乎都奉派出國執行任務。其中更為出色者，有葉景施（Kevin）和鄭家驊（Leon）等人，他們在國外為國爭光，受訓的成績都非常優異，受到訓練單位的肯定與尊重。據英文組的老師回憶，鄭家驊在美國某軍校進修時，戮力奮發，以九十八分的優異成績結訓，該軍校在典禮頒獎時，特別播放中華民國國歌，以示崇榮，也讓本校官師生同感榮耀。第一期學長們的優秀表現，為後期英儲班的教育訓練奠定了厚實基礎，也持續為陸軍培養出更多的外語人才。

☆老師們與英儲班受訓學員合影。

3-7 風災：颱風來襲，大水漫灌校園

☆民國 90 年「納莉颱風」造成重大災情，本校地下管溝嚴重淹水，災損不輕（擷取電視畫面三立電視台）。

　　士官學校位於中壢臺地東南側地區，係中壢、平鎮和八德交界處。因為臺地地形和鄰近大漢溪谷季風灌入的影響，秋冬季節，只要北方的冷氣團南下，校園備感蕭瑟與寒冷，造成諸多新進的老師和新生因為不適應而感冒生病，因此，每年年底，就成了校方防範流感的重點時間，醫務所的同仁更是忙得不亦樂乎。

　　也正因為校區位於臺地上，對於颱風特別敏感。我在校任職那段期間，颱風非常頻繁。民國 90 年整個年度裡，其路徑影響臺澎地區的颱風，大大小小合計就有十個之多，因為學校防範得宜，大多未曾造成重大災情。但其中有兩個颱風，因為路徑與颱風特性，給學校帶來了非常大的損害。那就是當年 7 月下旬的「桃芝颱風」（襲臺時間：2001 年 07 月 28 日至 07 月 31 日）和 9 月中旬的「納莉颱風」（襲臺時間：2001 年 09 月 13 日至 09 月 19 日），這兩個颱風，施虐全臺，導致臺灣地區人民生命財產受到重創，學校雖也做了周全的防颱準備，但依然造成相當大的損失，其中尤以「納莉颱風」最為嚴重。

「納莉颱風」（Nari）是一個怪颱，其發展過程與路徑相當奇特詭譎多變，於九月十六日晚間開始侵襲且滯留臺灣本島長達四十九小時又二十分鐘，並且帶來強降雨，連日滂沱豪雨，無法及時宣洩，加上海水漲潮適逢大潮，海水倒灌，導致「九一七水災」，為雙北都會區造成非常嚴重的淹水災害，連臺北的板南線捷運，都因淹水而停擺。士校所在的桃園地區，同樣是大雨狂降，到處一片汪洋，所有的埤塘水滿四溢，有的地方甚至分不清馬路或水溝，傷害頗重。

　　為因應颱風可能帶來的災害，本校全校動員實施防颱準備工作，除了疏濬溝渠、緊閉門窗，固定花木，將容易被強風吹襲的設施設備，予以固定或移置室內，且為保險起見，還將教室和寢室的紗窗都拆下來集中保管，防止遭吹落砸傷人員。在拆除時，曾發生學二營新生不慎由二樓窗邊墜落地面的驚魂事件。非常幸運的是，該生係原住民孩子，身型瘦小輕盈，且頭上腳下，以臀部著地，墜落在兩個水泥圓蓋中間的濕泥巴地上，因此僅受到驚嚇，並未受傷，但為安全計，我們還是用救護車送國軍桃園總醫院急診，詳細檢查後，確認實無大礙，實在是不幸中的大幸，但也凸顯士校新建大樓門窗、樓梯間設計上，缺少防墜落安全設施的問題，亟待補強。嗣經反映，廠商也立即做了相關補救的措施，在二樓以上的窗口設緩衝橫杠，並在樓梯間架上防墜網繩，畢竟人命關天，馬虎不得。

　　原本防颱準備周全，自 W-36（颱風將於 36 小時後來襲）開始，個人暨營連主官都堅守崗位，坐鎮指揮，應該不至於發生重大問題，誰知道因為雨勢太大，超乎預期，且建國校區西側圍牆外的眷村，只圖解決自己的淹水問題，以鄰為壑，造成本校校園淹大水。事發經過是這樣的：9 月 16 日入夜後，中壢地區降雨量逐漸加大，因為中壢中山東路四段和龍東路一帶地勢較低，士校大池等埤塘，都不勝負荷而漫溢外流，於是校區內外逐漸積水。校內雖有積水，但因校園整建雜項工程的排水系統，大致已經完

成,除舊校區成功湖附近低窪處淹水,其他地方狀況並不嚴重。但當年中壢地區的排水系統並不完善,因此校外隨著長時間強降雨,已是到處一片汪洋,且水勢為本校外圍牆與土堤所擋,積水越來越高,牆外眷村居民情急之下,未經與本校協調,即搗毀兩處圍牆,造成破口,本校地勢較眷村為低,因此牆外的雨水順著突破口,頃刻間全部灌進校內,學校猝不及防,新舊校區都水深沒脛,更糟糕的是迅速湧進了地下共同管溝,造成重大損失。

颱風過後,復原的工作隨之展開,我們租用了多部民間大功率的抽水馬達,日夜不停抽乾管溝內的積水,就花掉兩天時間(註:「納莉颱風」造成各地淹水,情況嚴重,北北基桃更慘,到處都在抽水,大功率的抽水馬達供不應求,我透過內人大姊王素花女士幫忙,才租到三部。)重整修復管溝各項線路與控制系統,也支出了數百萬元的經費,所幸總部以天災救助專款,迅速撥給,且未檢討防範不周的失職責任。本校為避免破壞軍民關係,並考量其情況緊急,眷戶有不得已的苦衷,也就沒有追究眷村民人未經告知,逕行破壞圍牆、以鄰為壑的惡劣行徑。也正是此一慘痛教訓,促使學校重新思考新建行政大樓與資圖中心(當時仍在設計審查階段,尚未招標發包施工)原訂安置於地下室的備援發電機、通信總機,以及各種電腦儀器設備,是否調整至較高樓層以避免淹水?校區排水系統(含滯洪池的容量、疏洪口設置)如何與中壢地區大排水系統結合,而不是各行其是,我們也透過議員蔣中千、謝彰文、舒翠玲,市民代表魯明哲(現為立法委員)等人,協調縣、市政府,希望龍東路環市道路暨排水系統設計時,要記取當年淹水的經驗教訓,整體規劃,避免重蹈覆轍。嗣後,本校挖掘的滯洪池,連通龍東路的排水系統,校內外的積水可以順著排水系統,迅速疏導,應該就是當年經驗的積累吧!

☆本校校園整建案新建滯洪池,已經與中壢地區龍東路排水系統構連,當年淹水情況應該不會再歷史重演。

　　這個案件給我們的最大教訓是,任何公共工程設計,都必須考慮內外在環境與條件的變遷,以前瞻的眼光和廣闊的視野,適時調整。當前,面對劇烈天氣的挑戰,舊的法規和工程模式,都須重新檢討,與時俱進。邇來,「凱米颱風」過境,為高雄地區帶來超大豪雨,也造成高雄淹大水,全市三百七十六棟建築物地下室慘遭淹沒,數年來所挖的二十五個滯洪池並未完全發揮疏洪的作用,顯然沒有記取「莫拉克颱風」造成「八八水災」之教訓,更引發前瞻預算一千二百六十五億元的治水經費花到哪裡去了的質疑,就是政策缺乏專業考量,未隨客觀條件變化而改弦更張有關。

☆陸軍高中校園,宏偉的教學區景觀。

3-8 戰備：兼任士後旅的後備動員任務

☆本校兼負戰備任務，動員編成「士官學校後備旅」，執行後備軍人動員教育召集任務。

　　臺澎防衛作戰，是內線作戰的島嶼防禦，綿亙的海岸線造成守備上的重大壓力。但要維持龐大的軍隊，除了要花費高額的國防預算，排擠社會福利、文化教育和研究發展等各方面的支出，更會嚴重影響國內整體經濟的發展。因此，「平日養兵少，戰時用兵多」廣儲後備兵力的理念被提出來，役男退伍歸鄉，平時要定期接受教、點召的訓練，戰時則回到部隊，重拾干戈以衛社稷。而負責後備軍人平時教、點召訓練，戰時指揮後備部隊作戰的責任，便由各新訓旅（兼新訓任務）、動員旅以及各基礎院校和兵科學校幹部編成的後備旅擔負，這些後備部隊因為武器裝備較差，且係臨時動員而來，因此負責非重點地區第一線守備與縱深地區要點守備的任務。

☆本校士後旅參加年度漢光演習戰備任務（政戰中心暨行政中心簡報）。

　　士官學校除了本來的教育任務外，還必須兼負戰備任務，即以學校編制的校部幕僚與隊職幹部，動員編成「士官學校後備旅」，簡稱「士後旅」，由學指部指揮官兼任旅長。下轄三個步兵營及相關戰鬥支援與勤務支援部隊，火力支援由作戰區的砲兵部隊直接支援，至於詳細的編成情況，時遠不復記憶。主要任務地區在林口臺地，以及高速公路以西部分桃園、中壢平原的要點，負責封鎖、控制往返臺北盆地的中山高速公路、臺一號公路（當時濱海公路、東西向二號高速公路，均尚未完成），以及林口臺地關鍵設施守備、反空（機）降任務。因為守備地區遼闊，區域內有臺北球場、揚昇球場等多個高球場。以有限的純步兵部隊，缺乏足夠的機動能力，以及自身可控的支援火力，任務非常沉重、艱鉅。

　　士後旅除了旅部和各營連基幹，主要的兵員補充來源，必須仰賴動員。因此學校每一年寒暑假時間，都要實施動員點召或教育召集。雖然教點召是利用學校教學的空檔時間，但是學校的軍職人員，平時要負責動員庫房的管理，動員裝備的定時清點、保養維護，以及教點召的先期計畫與準備，特別是每年「漢光演習」的實兵操演，要參加營級以上的指揮所演習，或部分實兵動員部隊的參演。因為是每年例行性的工作，且有既定的標準作業程序，不覺其苦，尤其是野戰部隊調來的幹部，也頗適應。然而，無可否認，這些平時或戰時的戰備任務，的確會直接或間接影響到學校的

正常校務推動，難怪有諸多國軍基礎院校都頻頻抱怨，動員戰備任務嚴重干擾教學任務，歧路亡羊，恐怕屆時校務與動員戰備兩者都做不好。

　　時過二十餘年，林口臺地經大規模開發，高大建築物如雨後春筍，高樓大廈櫛次鱗比，大體量的建築物到處都是，還有機場捷運交通動脈貫穿其間，使得該地區的地形地物等風貌，已經產生劇烈變遷，恐已不適合實施大規模的空、機降作戰。且為了貫徹士官精進制度，目前陸軍專科學校學生部隊的隊職幹部，都已經改由士官擔任，此種編制狀況，與一般部隊的編裝有相當大的差異，不知道學校或其上級單位將如何因應？

☆總部督察長高喜沛將軍蒞校督導戰備任務，查閱相關紀錄。

☆總部督察長高喜沛將軍蒞校督導戰備任務，垂詢整備情況。

龍岡憶舊：從士校到陸專的蛻變

輯 四

關愛鼓勵，建立自信

☆陸軍高中新式鼓號樂旗隊於校慶活動表演。

☆鼓號樂隊到總統府前凱道表演，筆者與到場參觀的學生合影。

4-1 關愛：最深切的關愛從生活細節做起

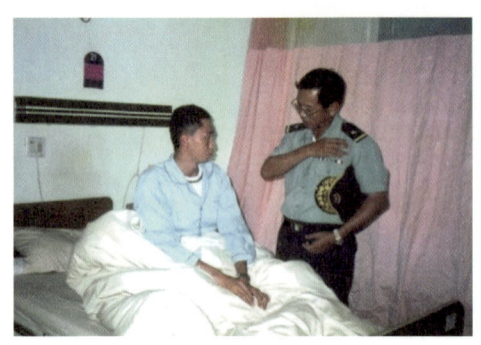

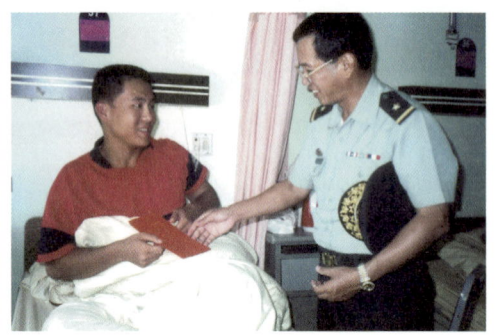

☆筆者探望、慰問住院學生。　　　　　　　　☆筆者前往醫院慰問住院的學生，致贈慰問金。

　　在一座軍校裡，學生是全校的主體和核心，若沒有學生，何必設校長、行政單位、教師和隊職官呢？我常惕勵自己：教育是一種水滴石穿的良心事業，努力未必會有成果，但不努力或決策錯誤，將虛擲國家的寶貴國防資源，嚴重貽害部隊。因此，互全部任期，除了假日、外出招生宣導，或其他公務行程外，我跟所有隊職官一樣，常年駐校，與學生同在。

　　我在學校每天的行程非常規律，提早起床，騎單車到學生宿舍，先龍關營區後建國營區，優先查看學生盥洗的用水與生活設施（註：士校位於中壢、平鎮和八德交界處，是桃園地區自來水管線的末端，經常缺水，必須前一天晚間學生就寢後，抽水打上水塔，次日晨學生才有水可用，倘有疏忽交接不清，忘記抽水，或斷電馬達不作動，翌日必然缺水，學生無水可漱洗，廁所無水可沖，更是臭氣薰天）；接著，會瞭解學生的起床等生活常規，督導學生晨讀；主持完早餐會報，會從勵士樓校部大樓辦公室，騎單車或徒步轉移到設在教學大樓 A 棟二樓的臨時校長室，單槍匹馬到各

☆新建學指部學生校舍暨餐廳。

教室與實習工廠看學生上課的情形，並與備課的老師們打招呼，聽聽他們對校務的意見。午間，隨機到學生營聯廚餐廳，與學生會餐，並檢視廚房的整潔衛生，以及伙食的良窳。午休後，巡視課堂、主持會議或處理特殊事件。晚間，則看看學生的晚自習與晚點名，通常回到勵士樓概已超過就寢時間。每天的行程，週而復始，除了其他重大或突發事件，幾乎很少改變。我的目的在透過勤走基層，發現問題，協助學生連隊解決問題，也希望給官生做劍及履及的身教，讓師生都明白校部的用心。

　　個人這套勤走基層的走動式管理模式，是在陸軍官校擔任學生連長時，受當時的學指部指揮官王宗炎將軍領導風格的啟迪，長久以來所養成的習慣。嗣後，在金防部追隨陳鎮湘、朱凱生兩位司令官，有感於這兩位長官勤走據點、離島之領導作風，貼近基層，快速解決問題成效顯著，自勉既膺軍職，自當如此，因而習慣成自然，不覺其苦。但當時的總務處長羅賢銘（陸軍官校五十期，臺東關山人）、本部連連長蔡仁貴上尉，以及學指部自前、後任指揮官曲台龍（陸軍官校四十九期）、許福生（陸軍官校五十五期）以下所有的隊職官壓力就很大了。水塔沒有水，羅處長、本部連長、工程官一定會接到我的電話，要火速趕到現場報到，所以他們索性也住在學校（士校的幕僚是上下班制，不用住校）。學生部隊隊職官跟隨學生作息，亦步亦趨，不能鬆懈，從起床、早讀、用餐、上課、晚自習

關愛鼓勵　建立自信

到就寢，工作時間非常漫長而辛苦。當年的學二營營長石文龍將軍，多年後回到母校擔任校長，他說自己也是採取走動式管理，勤走基層，自謙其中隱然有著吳校長和我的影子，個人聽後，除了內心深感安慰，更警醒自己當年沒有做了錯誤的示範。領導統御是一種身教，風行草偃，指揮官的一言一行，是一種無形的力量，影響深遠，怎能不慎！

☆筆者在校園內與學生暨家長互動。

☆筆者視導官士體能測驗。

士校的學生，年紀較輕，且有很大比例來自於弱勢家庭或窮困偏鄉，其優點是淳樸耐勞、服從性良好，不足之處，則是部分孩子的生活常規認知與踐履，較為薄弱，長久以來養成的某些不良生活習慣，須要予以導正。家庭長期的習慣積弊，要學校短時間內加以矯正，實非易與。所幸高中階段的孩子，具有非常強的可塑性，且全天候住校，只要觀念獲得導正，生活的常規即可逐步走上正軌。因此，我指示連隊加強對學生服裝儀容，以及生活常規、灑掃應對、言行舉止的教育和要求，希望學生無論其家庭背景、個人性格資質如何，經過士校三年教育後，都能成為一位言行中規中矩、有禮有節的紳士。

　　為了瞭解學校潛存的問題，傾聽基層的心聲，我在教學區與生活區設立「校長信箱」（註：那個年頭，網路尚未普及，手機也很少見，只有採取這種看似笨拙的做法），廣蒐官師生兵意見，每日由侍從士前往開箱取回，不經中間任何層級，直接放置校長辦公桌上的卷夾。我會利用公餘之暇逐一親手拆開、認真展讀，將內容摘要紀錄在筆記本裡。老師與官士兵反映的重大問題，會在相關會議指導處理，或選擇在保護當事人的適當時機約見回應。至於學生的來信，基本上以休假被扣、管教失當、懲處不公等攸關個人權益的問題為大宗，因此，每每在假日前兩天便會如雪片飛來，塞爆信箱。為了解決問題，及早答覆學生的意見，我每個禮拜會運用週四抑週五下午第八節課或晚自習前的時間，以年級（期班）為單位，分別集合在中正堂座談，回饋學生反映的訊息。原則上，個人不干涉各營連的獎懲與生活管理，有冤屈疑慮的案件，交由政戰部會同學指部營連儘速處理，最重要的是：我會利用此一面對面的溝通機會，剖析並導正一些不正確的觀念和偏差行為。我無法評估此一作法的教育成效，以及是否能在渠等下部隊後的工作表現上，真正發揮當時預期的作用，但求無愧我心，更深信「凡走過必留下痕跡」，即使能影響的學生僅有十分之一，亦應勉力為之。

關愛鼓勵　建立自信

個人離開學校十多年，軍職退伍後（2013年），內人和兒女惟恐我退後生活空閒無所依歸，幫忙註冊了 Facebook 的帳號，許多往昔在官校、士校和步校帶過的學生，紛紛加入我的朋友圈，我由此得以瞭解他們在校生活的回憶，對於師長，乃至對我本人的觀感，或他們對國際大事、國家、社會或軍中重大事件的反應意見。我發現無論在職或退伍者，所反映的意見，大多有自己獨立的思考與見解，很少有偏激或悖離母校校訓的言論。尤其二十幾年來，經常受各期同學邀請參加他們的同學會，他們在聚會談話中，輒有引述我以前講過的話或故事，讓我至感欣慰。自忖往昔在校所花的心血，應該沒有完全白費吧。

☆設立校長信箱廣蒐意見、解決問題。　　☆筆者主持學生成年禮開鑼儀式，並與師生互動。

4-2 鼓勵：掌握教育目標，力挺士官傑出校友

☆全校官師生在中正堂集合，表揚績優單位暨個人。　☆作者頒獎予表現績優學生。

　　士校每年 5 月 15 日校慶，都會舉辦「傑出校友選拔活動」，但表揚的大多是一些退伍後事業有成的校友，包含律師、教授、企業家、民意代表……等等，以及轉任軍官晉升上校、將級者，這些早期學長們踏出校門或退伍後，另闢蹊徑，在士官以外的領域，歷經艱苦奮鬥，獲得卓越成就，得之不易，的確是本校的光榮，當然值得表彰。但綜觀歷年來的傑出校友名單，包括各行各業，獨獨極少依然堅守士官崗位、紮根基層的現役士官校友，個人對此深感困惑不解。

　　士校的教育目標，不是為了培養部隊骨幹的士官幹部嗎？為什麼在各級基層部隊、機關學校蹲點，長期苦心經營、表現極為優異，甚至獲得國防部、各總部表彰的畢業校友，卻無法獲得母校的肯定與表揚呢？難道要退伍自謀出路或轉職軍官晉階將校，才配稱「傑出」嗎？我警覺到：手段與教育目的（目標）的矛盾，將會嚴重扭曲同學們的價值觀與生涯規劃，讓精進士官制度更難以落實生根。於是，我指導學務處，爾後傑出校友的選拔，以現職的士官幹部為主，退伍的校友或轉職為輔，甚至應該區隔

配名額。而現職傑出校友評選，必須公平、公正、公開，比照國軍楷模選拔的方式，函請三軍各總部、司令部，海巡署推薦本校畢業、資深優秀的士官幹部，其中尤以戍守外、離島、高山、海邊偏遠地區的站臺，生活、工作條件艱困單位為優先。臚列被推薦校友的卓越事蹟，經慎重評審與甄選，當選者於校慶當天返校隆重接受表揚。

在這重大改變的作法裡，學校的評審小組，審慎選出來自南沙太平島、東沙、烏坵、金馬澎、東引等外離島、海巡偏遠據點，三軍高山站台、高危特勤（戰）部隊和各級基層部隊的資深士官或士官長。當這些優秀資深的士官「大學長」們，身著繡有資深

☆校友會蒞校辦理校友返校餐會與幹部們合影。

士官臂章軍服，昂首闊步走上舞台，接受「傑出校友」的獎座，台下的學弟們掌聲如雷，讓學長們備感榮耀與鼓舞，相信他們返回各自的崗位後，會表現得比以前更加優異。我想：建立健全的士官制度，應該從自我肯定做起。此情此景，是母校對受獎者長期堅守士官崗位、戮力本職與犧牲奉獻的肯定和鼓勵，期勉渠等莫忘初志，更是對觀禮的後期學弟價值觀的導正和精神洗禮，尤其是士官學校自我定位與目標的確認、深化。士官學校是培養士官的搖籃，是所有士官軍旅生涯紮根發展的娘家，士校必須率先肯定士官，力挺士官，士官才能逐步建立自信和地位。近年，我多次應邀返校參加校慶各項活動，在傑出校友表揚的作法，都是在職與退伍校友並列，但仍以現役者為主。看到身著軍服佩戴勳獎章的現役士官，逐一抬頭挺胸大跨步上臺接受表揚，步履堅定，儀態從容，充滿自信，個人頗感欣慰，也有著深深的感動。

4-3 傳承：兩支鼓號樂隊新舊並存，各有擅長

　　鼓號樂隊可以培養團隊精神、榮譽感、責任心，陶冶浮躁的性情，增進音樂人文素養，是一種極為適合高中青春期階段學子參加的社團活動，國內外國、高中階段學校設有鼓號樂隊，且聲譽卓著者，不勝枚舉。當年在國內除了士校、預校外，一些著名的高中、高職，也都設有鼓號樂隊，譬如：建國中學、北一女中、中山女中、景美女中、曉明女中、育達商職、竹崎高中……等各校，皆培訓有高水準的鼓號樂隊，對於學校形象的塑造與宣傳，都產生了非常正面的效果。

☆陸軍高中新式鼓號樂旗隊。

士官學校的鼓號樂隊成立於民國 48 年，歷史悠久，其氣勢和技藝享譽國內外，早年與陸軍官校、海軍官校預備班及空軍幼校齊名，尤其是與歷史悠久的空軍幼校的鼓號樂隊各領風騷（註：早年三軍都設有預備學生班，空軍幼年學校則早在民國 28 年（1939）即已在四川成立，民國 38 年（1949）隨國府轉進，播遷臺灣屏東東港大鵬灣，其鼓號樂隊在三軍預備學生班中名氣最大）。民國 65 年（1976）後，則和承襲各預備班傳統的中正預校鼓號樂隊同享盛名。本校的鼓號樂隊，經常在國內的大型活動做過表演，尤其是國慶日在總統府前的表演活動，龐大的陣容，雄偉的號音和氣壯山河的鼓聲，以堂堂之陣、威武之旗，豪邁自信的通過臺北市介壽路（現在改為凱達格蘭大道），極具鼓舞士氣、震撼人心的作用。

☆本校新制鼓號樂旗隊承蒙總統府邀請，於府前廣場單獨表演，由該府副祕書長親自主持，並在總統府三樓禮堂頒贈感謝狀（圖左）。筆者與老師在總統府合影（圖右）。

　　在個人任內，本校新制鼓號樂旗隊曾經承蒙總統府特別邀請，在某假日升旗典禮完成後，於府前廣場單獨表演，由該府副祕書長親自主持，引來很多觀眾圍觀，獲得滿堂彩，到場官師生都感覺到非常光榮。表演後，副祕書長在總統府三樓禮堂頒贈感謝狀，並開放部分區域准許本校參與者暨眷屬參觀。那是個人在民國 81 年（1992）11 月底離開國防部副部長室後，睽違十年，首次重回「介壽館」三樓，頗有感觸。（註：早年總統府稱為介壽館，有部分樓層空間是國防部高級長官或部本部單位的辦公室，副部長辦公室即位於禮堂的正對面，汪多志副部長人緣很好，在總統府月

會時，包括當時的聯勤總司令羅本立上將、陸軍總司令陳廷寵上將等高級長官，都會提前到汪先生辦公室小憩，將星雲集，非常熱鬧）

☆筆者與鼓號樂隊隊員合影。

☆本校傳統鼓號樂隊，中正紀念堂表演。

關愛鼓勵 建立自信

　　鼓號樂隊成員的條件要求甚嚴，身高、體能和顏值都要達標，學業成績要中上，以免訓練時間影響課業。且其訓練是非常辛苦的，除了體能、耐力的訓練，無論鼓或號的演奏訓練，要熟記每一首曲子，必須反覆的練習。因此，有士校鼓號樂隊早期的學長回憶，道出「臺上十分鐘，地下一攤血」的辛酸。根據先期校友筆名「大俠」在＜軍之旅‧士校風雲＞一文中的回憶：「號隊（鼓號樂隊中吹號的樂手）在練習時，不到十分鐘，抵在兩唇間的舌尖，淡淡的感到絲絲的血腥，鮮紅的血水從唇間的裂縫，一點一滴的向外滲出，混合著口水，沿著號管，在氣流的推動下緩緩前進。」非常具有畫面，細膩描摹出鼓號樂隊訓練的艱辛與付出！

☆筆者夫婦與陸高鼓號樂隊師生合影。　　　☆本校傳統式鼓號樂隊。

　　士校原有的鼓號樂隊，屬於傳統的隊型與樂器的組合，只能原地進行演奏。到了學制由普通高中改為綜合高中時，音樂素養很高的吳校長，衡酌國內外發展趨勢，在民國88年（1999），先是禮聘剛從美國回來的黃健能老師（註：個人到任時，教練是國內知名的音樂家、管樂（小號）演奏家葉樹涵先生），藉著暑假組織了留校的一年級（應該是常六十三期學生），再請臺北中山女高當年應屆畢業的鼓號樂隊成員來校，逐一輔導這些樂隊的成員，歷經艱辛，對整個鼓號樂隊進行了顛覆性的改造，轉型為可以一邊行進、一邊變換隊形、一邊演奏的型態，表演更加活潑多元，且能迎合世界最新潮流的鼓號樂旗隊。整個組合除了原本的鼓和號之外，樂器種類變得更為多樣，再加上旗隊的表演，服裝也重新設計，迥異於原來的樂隊，基本上就是一個全新的隊伍。而為了訓練方便，成員也都全部重新徵選組成。這一個新編、短期（兩個月）集訓的樂旗隊，在當年的九三軍人節嘉年華表演，與北一女等名校同場競技，聲勢如虹，震撼全場，令人驚豔，獲得當時的總政部主任曹文生上將等各級長官的嘉勉，以及友校師生和所有觀眾的讚譽。（鼓號樂隊的改編，引自吳達澎校長〈開拓新境「贏」向未來〉一文，謝鳳珠主編：《勇士薈萃，飛躍六一》，頁22）

煥然一新的樂隊已經編成,且訓練日益成熟,並代表學校參加各項校外重大活動。但傳統樂隊的常六十一、六十二、六十三期隊員都還在校,隨著傳統樂隊的戛然而止,他們數年苦練的成果,一夕之間變成毫無用武之地,那種被冷落、否定或遺忘的感覺,未能獲得撫平,應該是當初做決策時沒有更細膩考慮到的缺憾,傳統樂隊的學生們為此頗有不平之鳴。

　　我到任時,正值暑假,常六十一期已經在成功嶺入伍訓練,準備到兵科學校接受分科教育,忙於畢業後的準備,基本上鼓號樂隊的變革,對他們的影響已經無關緊要,但其他各期在校隊員就很鬱卒了。某一天,有幾位常六十二期傳統鼓號樂隊的成員來見我,他們很有禮貌的進入校長室,我不記得究竟是指揮或隊長,有條不紊的向我報告舊樂隊的狀況:成員、服裝仍在,樂器只需簡單的維修,不用花大錢,他們不需要學校任何的支援,只希望讓傳統樂隊復編,給予練習的時間和出任務表演的機會,態度誠懇而堅定。

☆本校傳統鼓號樂隊參加谷關鼓樂節演出。

他懇切的態度和充滿自信的眼神，讓我深受感動。我想：是什麼樣的力量，讓幾位未滿十八歲的青澀少年，敢鼓起勇氣直闖校長室陳述他們的意見？當下，我毫不猶豫就答應了，因為，當時士校三個年級學生將近四千人，多組一個鼓號樂隊，人力不虞匱乏，更何況原來的團隊仍在，只要稍做檢整，聘請教練，重組另一個課餘讓學生有所發揮，能展現其團隊向心與榮譽感的社團，有何不可？若能扮演鯰魚角色，與新制鼓號樂旗隊展開良性競爭，激勵新樂隊不斷提升其水準，更是一種額外的收穫，何樂而不為？鼓號樂隊的訓練非常辛苦，除了體力、耐力的錘鍊，還要犧牲休息與假日的時間，他們要的是什麼？無非就是學校官師生的肯定和尊重吧。孩子們獲得我的首肯，眼睛發亮、嘴角露著微笑離開校長室，我深刻體會到：重拾被尊重與肯定，撫平了他們內心的不平和憤懣。

　　重組後的傳統鼓號樂隊，因為教練已經退休（記得是林口大崗國中的一位老師，我親自到該校拜訪時得知此一消息），後續的訓練，就採取學長教學弟的方式，自己要求自己，沒有太多的外援。爾後的表演裡，雖然制服和樂器略顯陳舊，但從每位成員自律自信，揮汗如雨、賣力的吹奏裡，可以感受到他們高度榮譽心和急於表現自我的心情，尤其是新舊兩個隊伍同時出現時，他們的鬥志更為昂揚，讓觀眾可以體會到那股不服輸的「悲壯」氣勢。恢復練習後，為了嘉勉他們的榮譽心和不懈的努力，政戰部特別安排傳統鼓號樂隊在東森超視的外景綜藝節目「黃金傳奇」中表演，與紅隊主持人王麗玲、新加坡藝人潘淑欽等人同框，節目播出後，贏得廣大讚賞。本校歷經新舊樂隊變革的幹部和老師，體會應該更為深刻。在我任期內，這支傳統鼓號樂隊的表現，跟新的樂旗隊一樣優秀，都是本校的金字招牌，是我們的驕傲。

☆陸高鼓號樂隊，代表陸軍參加國家重大慶典之表演。

　　這個案例讓我想到：國軍在轉型期與迭次精簡的變革裡，因為工程龐雜、艱鉅，對於某些細節難以兼顧，尤其是人事的疏處與調整，以及具有悠久歷史與傳統部隊的裁撤，站在大方向與原則考量，事非得已，但往往無法兼顧當事人（部隊）的立場和感受，於是產生了諸多怨懟，製造了不少後遺症。這個例子，經常提醒我：做人做事掌握大方向、大原則非常重要，但假如能更細膩、周全一點，全面觀照、大處著眼，小處著手，異地而處、換位思考，應該會減少很多的遺憾吧。

關愛鼓勵 建立自信

4-4 變通：週休二日的挑戰，窮則變，變則通

☆因應週休二日，變通休假方案。

　　民國 87 年（1998 年）1 月 1 日，我國開始施行隔週週休二日；民國 90 年（2001）1 月 1 日（也是八十九學年度上學期末）正式施行週休二日。例假日延長對一般文學校影響不大，僅是課程授課時數、課表和行事曆的調整，學生放學、放假，可以回歸家庭，日常生活管教由家長自理，學校得卸仔肩。但，士校的學生來自台澎金馬各地，每週放例假一天時，早出晚歸，活動時間都在白天，狀況還好控制；連續假日基本上都是計畫性，校方會預劃學生放假的相關事宜，也沒有什麼問題。後來星期例假改成週休二日，學生可以在外過夜，問題就來了。週休二日，說長不長，說短不短，家住得近的，可以回家，家長掌握得到，校方較為放心。住中南部或花東、外離島的同學，回家往返舟車勞頓，至少得耗掉半天以上的車程，每個禮拜的交通支出，所費不貲，一個月的薪給，扣除理髮、洗衣和各種雜支，根本不夠應付。若不回家嘛！正值青春叛逆期、半大不小的孩子滿街亂跑，整個中壢市區大概都可以看到士校的學生。守規矩的，看看電影、逛逛漫畫書店（那時候好像還不流行 KTV），吃點小吃，或回學校打球、

休息，傍晚，到鄰近的親戚朋友或同學家借住，抑或回到學校宿舍睡覺；自我約束力較差的，則幾個人湊在一起，住到火車站附近的旅館看不雅影片，或租摩托車到處亂鑽，甚至幹出青少年不宜的情事，機車車禍和校外違紀等軍紀安全事件，勢必層出不窮，將造成安全與管教上很大的漏洞，令人憂心。

在政府政策公布而尚未正式實施前，個人即逆向思考，研判可能發生的狀況，絞盡腦汁，考慮如何在符合相關規定、不影響學生權益的情況下，改弦易轍，設法找到更適切的休假方式，便捷省時省錢，讓學生方便回家，既可享有天倫之樂，且釜底抽薪將週休二日的負面效應降到最低的程度。

我原本的構想，是隔週休三天，另外那個星期則點放。構想很完美，但實際執行上卻遇到障礙。此一作法，隔週週六必須補課，軍職人員遵照指示辦理，不致有太大問題，但卻引起部分老師的反彈，他們認為將會嚴重影響家庭生活（接送子女上下學、照顧一家老小），尤其是家有稚齡子女的年輕老師為然，易地而處，將心比心，實施此案，文職老師的處境確有實際的難處，不宜蠻幹。因此，此一讓學生感覺比較「不吃虧」的方案，一提出來即踢到鐵板，必須改弦更張，重新思考。

☆改弦易轍，尋求適切休假方式。

後來，我們將「軍訓」和「社團活動」的時間抽出來，多次進行時間方塊組合的沙盤推演，規劃將兩週的軍訓課程和社團活動一共八小時，集中在一個星期來上，就可以挪出半天彈性運用時間，在對文職老師完全沒有影響的情況下，採取隔週休假兩天半，另一週

點放的休假模式。放連假的那一週行程做妥善的安排，週五上午的第四節課提前三十分鐘下課，由戶籍地在桃園的同學負責執行清潔及相關門禁、水電管制等事宜，其他遠途的同學，則攜帶餐點盒（代替午餐）在教學區就地搭乘返鄉專車放假，避開週休二日的車潮，讓學生快速回到各縣市。週日在規定的地點搭原專車回學校，晚間十點前收假。點放週的星期五下午，排定社團活動課程（指導老師有諸多文職老師和校外人士，故安排在正常上班時間），星期六上午，上軍訓課，實施閱兵分列和鼓號樂隊訓練會操，下午則做裝備保養、環境內務整理或團康活動。星期天放假一天，榮譽假則提前在週六晚餐後離校。這個方案完全不影響老師們的作息，也不耽誤學生的課業，唯一的問題，是學生的假期時間，感覺平白短少了半天和一個晚上，極可能引起反彈。

　　為了避免學生抗議，我們決定先和家長溝通，乃動員隊職官和各班級導師，逐一致電家長，說明採行此一方案的理由和目的，以及其優點所在，希望家長們能支持並配合輔導、安撫其子弟。家長的反應極為正面，幾乎百分之百支持學校的作法，讓校方非常振奮，全案就此大勢底定。此一休假方案，在我任內完全沒有遭到抗議和質疑，實施相當順利。

　　當年，家長們都很明理，經過充分溝通，配合度也很高；軍職幹部，特別是學生連隊的隊職官們皆認真負責，遵照學校的方案執行，沒有反彈與怨言；孩子們也很單純、服從性高，沒有斤斤計較。因為官生和家長的支持，前述相關休假方案才能順利執行，假如放在個人自主、權利意識抬頭的今天，官生兵動輒向上申訴、黑函歪風盛行，民粹當道，能否行得通，就很難說了。唯個人當時所有決策，所思所想，都是站在為學生好的立場考慮，從未計較個人的利害得失，因此也就沒有任何患得患失的顧慮了。

4-5 疏運：學生放假，陣容浩大的返鄉車隊

☆欣欣通運公司的龐大車隊。

學校規劃調整休假時間，獲得家長們支持並確定後，如何在長週休例假日前，以最快、最省錢的情況下，將如此龐大的學生人潮疏散，直接送他們安全回到家，又是另外一個挑戰。我與重要幹部經過再三研討、評估，認為眷住苗栗縣（不含）以南、宜花東的長途者，包租國道遊覽車，以學校和學生眷籍地點對點往返方式輸運，最省時省錢且易於掌握。桃竹苗、北北基等短程者，則協調中壢客運、桃園客運等公車到校，直接將學生送到中壢、內壢、桃園、新竹和臺北等鐵公路大站轉車。此外，我們也鼓勵短程的家長親自開車到校接送。

此一運輸方式，遭到校部某高階幹部強力反對，他認為行船走馬三分險，幾十輛遊覽車，在放假直前湧上交通頻繁的國道，整車的學生，萬一有什麼差池，那學校的責任可就大了。反之，放假就地解散，交通自理，學生一出校門，校方責任即了，風險大為降低。他的說法應該是出於好意，也不能說沒有道理，只要專車車隊一上高速公路或南來北往的道路，學校和我本人就要擔負起學生的安全責任，在車隊出發後的幾個小時內，我和各級幹部，以及各級任導師，皆提心吊膽，深怕有所閃失，壓力不可謂不大。

☆租賃專車學生安全回家。　　　　　　　　☆陣容浩大的學生返鄉車隊。

　　但個人認為：這是「明哲保身」當官而非勇於任事的態度，等於是把問題和責任通通丟給學生和家長，不是一個有承擔、解決問題的作法。況且，任何的交通工具，都具有不同程度的風險，如果學校不做周全的安排，任由學生自謀返鄉方式，近程的極可能私下租用、騎乘機車；遠程的，很大比例會攔搭不合格、競速狂飆的野雞車；若搭不上車，在中壢、桃園地區逗留，動向不明，讓學校和家長都擔心。上述的情況，安全與軍紀的顧慮，難道會低於包租專車？

　　反之，運用包租返鄉專車等大眾運輸工具，有幾項重大的優點：首先，包車往返，租車費用大家平攤，可以為學生節省交通費，同縣市的同學一起直接送到家，再同時會合搭原車返校銷假，彼此有個照應，家長放心，學校也容易掌握；第二、學校可以透過相關手段，有效進行風險掌控，將意外的可能危險系數降到最低程度，譬如：限定專車的車齡（一般是限定五年內的新車），出車前詳加檢查車況；檢視駕駛的素質、安全紀錄（有沒有發生過重大交通事故）、精神狀態，以及前一日的服勤時間（開車的時數多少？出車前是否充分休息？）；第三、慎選押車人員，即選擇家住中、南部、認真負責的軍職幹部或文職老師，擔任各車的車長，除督導車輛的安全，並維持車上的紀律。第四、連隊的隊職幹部和班級導師，可以透過押車人員、駕駛和互助組組長，相互通連，充分掌握學生的安全情況。

第五、要求承包公司為搭乘專車的官師生投保意外險，增加一層保障。個人相信，如果有周延的配套措施，包租專車送學生返鄉，應該可以將意外的發生降到最低程度，更何況，天下沒有百利而無一害、絕對安全的事情，我們不能因為怕事，因噎廢食，就什麼事都不敢做。於是，我堅定地下達決心，並指示總務處負責策劃與輔導，教務處與學務處協辦，學指部暨所屬營連配合實際執行，迅速推動該一方案。

　　返鄉專車能否順利且安全的執行，首要在找到優質的車隊。包車尋商議價，由學生自行推舉成員，組成返鄉專車福利委員會，負責其事，相關的業管幹部和老師，只能從旁就商調、法規與車輛、駕駛的條件要求等問題，協助提點注意，校方基本上不介入該一承租事務，也不接觸收費付款等工作。被推選的同學們不辱使命，在校部幕僚和師長協助下，找到退輔會轉投資欣欣客運的子公司：欣欣通運公司（欣欣客運公司是市區公車，不能上高速公路，營運也不可以跨越北北基的範圍，但子公司是通運遊覽車公司，可以上國道並跨縣市營運，且剛好引進一批新車），以及在地的桃園客運（該公司營業範圍兼營遊覽車業務，設有遊覽車專租車部門，且車況頗佳），雙方簽約，規定專車必須是五年內的新車，駕駛要挑選沒有重大肇事紀錄者擔任，學校保有出車前針對人、車做檢（審）查，如果不符契約要求條件，承包廠商必須無條件撤換，不得有異議，且訂有相關之違規罰則，以保障學生權益。

　　其次，是慎選押車的車長。校部先透過學指部、政戰部、教務處和總務處等一級單位，調查家住中南部的老師、軍職人員，徵詢渠等擔任車長（押車幹部）的意願，配合學生的休假或收假時間，分配到各車負責押車、做行車前中後的檢查（確實也曾發生多次強烈要求撤換不合格的遊覽車，剔退精神萎靡不振或身上有酒味的駕駛），以及搭車人數的清點，回報學校戰情中心。他們同樣要繳車資，但卻多了一分責任，勇於任事的精神，讓人欽佩。此外，營連幹部各司其職，負責學生返鄉抵達和返校時間的掌

握；各班的文職導師，也要負責自己班級學生休假動態的連絡，非常認真的老師甚至自行編製家長通訊錄，製作回報卡片，追蹤學生返鄉是否到家，紀錄學生回報情形，譬如英文組王明嬋老師製作鑲有全班合照，以及老師連絡電話的鑰匙圈，統一發予該班同學，落實回報工作，視學生如子女般愛護，這種精神令人非常感佩（事實證明，學生也非常敬重和感謝她，即使畢業多年，各期班也與她維持密切的連繫）。返鄉專車一案，在官師生和家長的充分配合、周全多重安全管制作為下，效果甚佳，在個人任職期間，從未發生危安事件，足堪告慰。

此外，學生返鄉專車的整體運作非常縝密，其執行狀況是這樣的：長週休假日當週週五上午十點鐘前，長途專車車隊到校報到，按縣市遠近列隊賦予編號，起初是依序陳列在龍關營區大操場，後來為了節省學生集合上車時間，並避免與家長來車暨市內公車形成動線交叉、相互干擾的情形，改為沿著建國營區教學大樓北側的馬路兩側魚貫排列，總數達到五十餘輛，陣容壯觀。各車專責幹部與老師做過檢查後，就靜待學生上車。學生按統一規劃，提前半小時下課，帶著午餐點心盒（讓同學們在車上用餐，以免浪費時間）和個人行李，陸續到定點報到上車，清點完人數，完成回報後，陸續發車。因車陣太長，唯恐造成中壢市區交通打結，由總務處長、後勤科長和學指部指揮官或政戰處長統一指揮，依先遠後近順序，區分數個梯次，拉開時隔，井然有序出發。

☆協助本校學生休假時中短程輸運的中壢客運和桃園客運。

短程的中壢客運和桃園客運等市內公車，提前於上午十一點進場，在龍關營區操場，依不同目的地（車站）區分，排列待命，同學們同樣帶著行李和餐盒，隨到隨上，自行投幣付費，人數一滿即駛離校區。其車數概有二十餘輛，且公司場站就在附近，可以機動增派車輛支援，很是方便。短程公車必須在長途車隊完全離校後，才得魚貫駛出校門，以免形成車隊交叉、混亂。

　　家長自行開車來校接送者，入校登記後，在管制人員引導下，也在龍關營區操場另外一個方基整齊排列等候，俟近程的公車全部走完，才能依序離校。我們的目標是在中午十二點以前，疏散所有的車輛，徒步人員則最後整隊離校，以策安全。

　　為了加速車流疏通，鄰近的華勛派出所通常會配合派出交通管制哨，幫忙指揮交通。個人則率政戰主任、學指部指揮官、政戰處長，總務處長等人，在校門口督導車隊運行狀況，並向同學們揮手道別，也希望孩子們瞭解師長的關心，注意自己的安全。站在校門牌樓下，看著一車車在車窗搖曳的人影和揮手道別的手勢，我有一種安心的感覺，時隔二十餘年，我仍記得自己佇立校門，揮手道別祝福、巡禮龐大車隊緩緩駛出校區的情景，那是士校官師生兵人數最多的全盛時期，兵強馬壯，氣勢磅礡，多麼讓人懷念。

　　這件放假疏運工作的規劃和執行，要感謝所有幹部和老師們的熱心參與，以及所有家長的配合，給學生返鄉莫大的便利，也節省了學生往返的交通支出，最重要的是在紀律和常規教育上，發揮了正面的作用。本案的執行，一直很順利，在個人任內從未出現重大事故。我認為：身為領導幹部，應該時時心繫基層，幫忙基層解決問題，不能因為怕事、擔心負責任，即瞻前顧後、畏首畏尾而怠忽本身的職責。古人云：「凡無益之作，其去之惟恐不盡；凡利民之事，其行之常若不及。表裡如一，細大畢舉，至誠不息，真積力久，發為輝光，流為潤澤。」的確發人深省。

4-6 理財：養成儲蓄習慣，儉以養廉

　　軍校學生受訓期間，除了衣、食、住宿，學雜費、書籍全部公費，每個月還發給零用金津貼。當年軍官學校等院校學生每月有一萬四千餘元，中正預校和本校等高中級別的軍校學生，則發給一萬二千九百元。這筆錢說多不多，說少不少，對富裕家庭的孩子來說，不算什麼！但在較清寒的家庭來說，就是頗為豐厚的收入，尤其一般的高中生，應該很少人每月固定有這麼多零用錢的，假如不能指導渠等妥善運用，任其揮霍濫用，則不僅扭曲政府照顧軍校生的良善美意，更可能造成諸多負面的影響。

　　本校學生的家庭背景，很少來自富裕家庭者，反而更高比率是來自偏鄉、弱勢或單親家庭。每月的零用金扣除必要的費用（洗衣、理髮、購買日用品、零食以及休假交通費等等），如能長期、有計畫的儲蓄，三年時間積少成多，等到畢業時，就可以累積一筆不少的款項，有利其後續的運用（買房、買車，乃至成家），最大的優點，是養成學生量入為出、長期儲蓄的優良習慣。

☆設在本校校區北側的中壢龍東郵局，官師生兵可以直接從校區一側的櫃台辦理郵務和滙兌、存提款手續，不必外出，至為方便。

個人不知道先前學校有無要求學生將生活津貼做長期儲蓄的規定，但覺得長時間定存是必要的。乃先積極宣導儲蓄的優點和必要性，以及積少成多、集腋成裘的理財概念；並半強迫的硬性規定：每位同學都須在學校郵局開設定存戶頭，每月扣除固定開支，定存至少六千元（含）以上，發餉時由郵局直接撥入學生個人定存戶頭。如因家境困難，需要貼補家用或特殊原因（家中房貸或還債等）支出，欲免除每月轉定存或縮減定存金額者，必須由家長出具證明，始准予免存或減額。我幫學生簡單試算，三年定存到畢業時，連本帶利將會有二十幾萬元的存款（當年的定存利率比現在高太多了，幣值當然也今非昔比），對一個剛剛高中畢業、初入職場（下部隊）的年輕人來說，有這麼一筆存款，不無小補。將來在此基礎上繼續儲蓄，在不虞匱乏的情況下，足以養廉，對於個人或家庭遭遇突發狀況，也有應付裕如的底氣，做到有備無患。

經過動員隊職幹部暨文職導師的徵詢，絕大部分的家長，都支持學校硬性規定學生存款的決策，只有極少數家庭需要攜回貼補家用，經過學校查證後，也都准予免存，但不忘提醒家長：俟家境改善，應該督促孩子恢復定存，養成好習慣。但也有非常特殊的案例，某位單親家庭的孩子，父母離異，監護權歸媽媽，媽媽非常支持學校的作法，她說即使自己經濟並不是很寬裕，但仍然要讓孩子每月定存，不會輕易去動用。然而，經濟狀況不佳的父親，每月發餉日中午就會來學校辦理會客，軟硬兼施伸手要錢，吵吵鬧鬧，造成該生左右為難，極為痛苦。經會客室通報連隊，隊職幹部前往勸說，動之以情，說之以理，並電請學生母親協助處理後，這位家長才不再出現。

☆養成儲蓄習慣、儉以養廉。

小富由儉，大富在天。軍人的薪俸雖然微薄，但已隨著國家的經濟發展逐步改善，較諸我們的前輩，已經優渥許多，養家活口不虞匱乏。唯培養儲蓄習慣和正確理財觀念，仍然非常重要，尤其是弱勢家庭子弟為然，我不知道當年的強制儲蓄，對於各期同學後續的影響如何？但校方寄望學生能學會理財與儲蓄，的確是用心良苦啊！

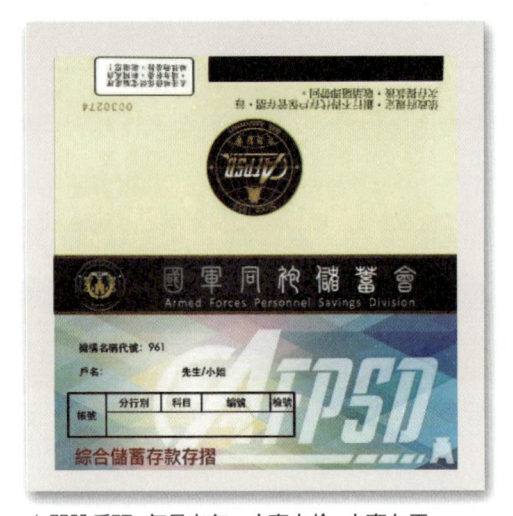

☆開設戶頭，每月定存～小富由儉，大富在天。

☆零用金有計畫儲蓄，積少成多。

4-7 痛心：一場車禍的慘痛教訓

我在民國 89 年（2000）8 月 1 日履新，是新學年的開始。此時，應屆畢業生常六十一期在各兵科學校受訓，新生常六十四期開始報到，而將升上二、三年級的常六十三、六十二期的學生都在放暑假。兩千多位半大不小、血氣方剛的大孩子，在學校「關」了整整一個學期，如今能有長達一個多月的暑假，當然是不會輕易放過的。上焉者，規規矩矩回家，幫助父母務農、做工，陪伴家中的長輩；其次是報名參加救國團的夏令營活動，參與其他相類似的暑期育樂、藝文或體育活動，最糟糕的是毫無計畫，找以前國中的同學或舊時的玩伴，漫不經心的打發漫長的假期。

從布達上任到八月底在校生收假返校，大概是我軍旅生涯最難熬的時段之一。每天都有大大小小的軍紀安全事件發生，其頻率之高，是我在各部隊未曾遇過的現象，讓我頗感壓力沉重。所幸當年軍校學生已經不具軍人身分，渠等的軍紀安全事件，也不列計單位的軍紀安全成績，授權各校自行處理，總部暨國防部僅對重大案件（發生重大傷亡，或違反軍法紀鬧上新聞）列管。以那個暑假所發生的各種軍紀安全事件，如果發生在一般部隊，我這個單位主官恐怕每天都會被叮得滿頭包，甚至可能早就被炒魷魚了。

☆在中壢街頭發生的機車相撞事故。

各種軍紀安全事件，以機車肇事居大宗。儘管學校在放假前的軍紀安全宣導三令五申：不准騎乘機車（註：當年因為機車車禍居高不下，且導致官兵傷亡人數龐大，因此國防部嚴格規定：現役軍人，包含志願役和義務役官兵，除了傳令、搜索排等任務所需，得以騎乘公發機車外，其餘一律不准騎乘機車，違規遭查獲要受非常嚴厲的處分），但我們的學生相當大比例來自交通不便的山地、偏鄉或海濱，機車是主要的交通工具，孩子們年輕氣盛，為圖方便，不管有沒有駕照，騎了就上路，機車速度快，但是兩輪的平衡性不足，稍遇顛簸即可能傾覆摔倒，輕者受傷，重者造成骨折，甚至危及生命安全，尤其在天色昏暗、天候不佳，更是容易發生意外事件。因此，在接連發生多起類似案件後，我動員隊職幹部和導師，逐一給學生和家長打電話，叮囑孩子們在家不要騎乘機車、要注意安全，然而，收效甚微，大大小小的狀況，還是不斷發生。

　　其中一個最讓人痛心的車禍，雖然時過二十幾年，但個人每一思及，仍感心中隱隱作痛。事情是這樣的，一位家住臺中的常六十二期同學，父親是退伍軍人，母親則係空軍清泉崗基地的聘僱人員。放假在家，父母親上班時，看他仍在牀上睡覺，便將早餐放在餐桌上，很放心的各自去上班了。不意在早上十點鐘左右，他的母親突然接獲警察局的緊急通知，謂其子騎乘機車在大雅路上發生車禍，身受重傷，已經被救護車送往中國醫藥學院（現在已經升格為中國醫藥大學）的附屬醫院搶救，連忙趕赴醫院，並通知連上幹部與導師。

　　我接獲報告後，即通知家住臺中的幹部先前往協助處理，翌日個人由政戰主任陪同，南下瞭解情況並予以慰問。據這位同學的母親告知，該生在父母親離家後不久，即起牀用餐，並騎著家中閒置的機車外出尋友，在離家不遠的大雅路與大貨車擦撞，人車隨即摔倒，兩腿下肢遭大貨車後輪輾過，造成兩腳粉碎性骨折，惟恐失血過多與傷口感染危及生命，經過醫

療團隊仔細評估後，認為必須緊急開刀實施截肢。我抵達醫院時，該生已經完成開刀手術，並由加護病房轉到一般病房。孩子的母親在病房陪伴，見到我和政戰主任，頻頻道歉，並為自己沒有善盡督導、管教而自責不已，我和主任不知道如何去安慰這位突遭劇變的母親，心情非常沉重。該生躺在病榻上，神智清醒，情緒尚稱穩定，見到我們一直想坐起來，讓人不忍。在對話中，他深切表示懊悔，面對身負重大傷殘，從軍路斷，未來前途茫茫，也感焦慮不安。我安慰他要好好療養，其他事情等康復後再說，畢竟天無絕人之路。在返校的車程中，我和主任一路上心裡沉甸甸的，都思索著學校應該如何去防範類似悲劇再生。他的行為雖然是發生在校外，但畢竟是我們的學生啊！

　　該生住院治療期間，隊職幹部、班級導師，以及各期學長、學弟都紛紛南下探視，展現軍校「親愛精誠」的同袍、同窗之愛。他出院後，由家長來校辦理退學手續，並轉達該生願意就自己不幸的遭遇，在學校的月會或升旗典禮後現身說法，宣導不可騎乘機車，以免終身遺憾。我和政戰主任都非常感謝他的熱心與誠意，但惟恐對其造成第二次的傷害，還是委婉的拒絕了。時過這麼多年，我經常想起這件事情，尤其是參加各期同學會時。自忖：他跟所有我在校時各期的孩子們一樣，應該已經年過四十歲，不知道是否順利找到生命的出路，繼續人生的寶貴旅程？我惦記著，也默默祝福著。

☆筆者到醫院慰問住院學生致贈慰問金。　　☆定期辦理學員生軍紀安全講習。

4-8 關心：唯一探望子弟兵的友軍主官

☆筆者擔任士校校長時，季麟連上將時任海軍陸戰隊司令。

本校在合併納編地面部隊的士官培訓班隊後，除了培養陸軍本身的基層士官幹部外，還兼負海軍陸戰隊、空軍防空警衛部隊、海巡署岸巡部隊、憲兵部隊，以及支援地面部隊的後勤單位等各個友軍單位的士官基礎養成教育。

為了瞭解各軍兵種分科銜接教育主管單位（學校）的教育目標、特性、內涵，以及需要本校配合的事項，我曾風塵僕僕地前往臺北泰山的憲兵學校，桃園八德的空軍防空警衛司令部、陸軍化學兵學校、平鎮的後勤學校、通信兵學校，臺南歸仁的陸軍航空訓練指揮部、航勤廠……等分科教育單位，拜訪其主官（校長、司令或指揮官）與業管主管。並利用慰問常六十一期分科教育的時間，拜會臺南永康的砲兵學校、新竹湖口的裝甲兵學校、高雄燕巢的工兵學校，以及鳳山的步兵學校。

拜會這些單位讓我感觸良多，有的主官非常進入狀況，給學校頗多具有建設性的寶貴意見，甚至愛之深責之切，對本校學生的言行與表現，頗多批評。但也有少數主官很狀況外，根本不知道所屬士官係由本校代訓。此期間，我去拜訪一位友軍的單位主官，受到熱忱接待，拜會時間長達一個多小時，這位長官很幽默健談，相談甚歡。臨走前，他突然想起什麼大事似地，猛然問了我一個問題：「老弟：您今天來找我，有什麼特別的事嗎？」我當場愣住了，不知如何回應。事後我和教務處長董尚凱上校自我

檢討，我們和對方業管單位的主管都有責任，事先沒有報告清楚，原以為他看士校校長來訪，就明白來意了，誰料到他老兄居然如此不進入狀況，真是令人絕倒，但這也顯示部分單位對於士官班隊，並未給予應有的重視。（附記：我在外島服務時，某位階級很高的長官在知悉我調士官學校校長，竟當面數落本校畢業生在其部隊表現不佳，談話裡毫不掩飾他對士校的負面印象，幾乎完全否定士校設立的價值與功能。殊不知他的一席話，反而激起我努力把士校教育辦好的決心和鬥志，他老人家用的是不是激將法呢？我不知道，但二十幾年來，我一直記得他那主觀帶點偏激的觀點。）

然而，友軍卻有一個單位讓我刮目相看，甚至是敬佩不已，那就是海軍陸戰隊。當年某日教務處回報：陸戰隊司令季麟連中將翌日將蒞校探望、慰問該部由本校代訓的學員生。當天，我們將陸戰隊學員生集中在中正堂，個人在貴賓室恭迎季司令，季先生非常客氣，一下車就不停向我道謝，謝謝我們把他們的學員生教得很好。接著季先生對陸戰隊學員生做精神講話，勉勵他們要發揮陸戰隊「永遠忠誠」的隊訓和「不怕苦、不怕難、不怕死」的三不怕精神，戮力學習，砥礪忠貞志節，為將來的軍旅事業奠定厚實基礎。講完話，季司令走下講臺，逐一與學員生握手，垂詢其家庭與學習情況，並且致贈每一個人一份沉甸甸的禮物，其中包含印有陸戰隊隊徽的毛巾、浴巾，兩套內衣褲、兩雙襪子和一套體育服，質優量實，一個結實的手提包裝得滿滿的。他也不忘送我一套同樣的毛巾、浴巾和體育外套。臨行又再三謝謝士校對陸戰隊的貢獻。爾後，只要季司令與我同樣參加的場合，他都會跟在場的人美言士校辦得很好、肯定士校的辦學成效，讓我既汗顏又感激。在我任內，季先生是友軍單位唯一來校探視學員生的將級高階指揮官，時隔二十餘年，個人依稀記得當年的情境，也找到陸戰隊精誠團結、凝聚力強大的密碼。

☆陸戰隊「不怕苦、不怕難、不怕死」的三不怕精神。　　☆陸戰隊「永遠忠誠」的隊訓。

　　去年（民國113年），我偕內人應邀到中壢參加常六十三期的同學會，陸戰隊學生古疆詠，已經晉升為士官長，在畢業二十二年後，他向我報告：該期同學畢業後，先後有十一位加入陸戰隊特勤隊，在特勤隊每年結訓不到五位的嚴選、嚴訓、嚴考核和嚴淘汰的制度下，實屬難能可貴。而在兩棲蛙人甄選、訓練班隊結訓者，也超過二十人，是迄今為止常士班在陸戰隊特種部隊結訓最多的一期，渠頗感自豪。我想這與當年季先生親蒞慰勉，深切的愛護和精神感召，應該有著密切的關係吧！這個案例印證曾文正公所言：「有不可戰之將，無不可戰之兵，有可勝不可敗之將，無必勝必不可勝之兵」、「人材以陶冶而成，不可眼孔太高，動謂無人可用」。這個案例也告訴我：兵隨將轉，只有受到長官真誠關愛、重視和栽培的官兵，才能成材，蔚為國用。

輯 五

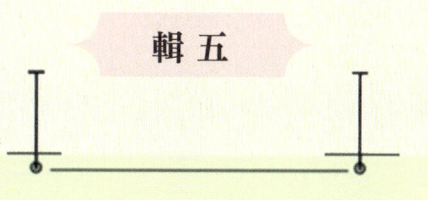

革故鼎新，繼往開來

☆士官榮譽徽。

☆勇士徽章。

☆士校榮譽徽。

☆筆者在校運會頒獎優勝同學。

145

5-1 改革：改革教科書、實習用具與耗材採購辦法

　　改制後的士校，是一所非常大型的綜合高中，每個年級的學生數都超過一千餘人，最多的一期，甚至高達一千六百多位。課程所需採購的教科書，一年級的通識、共同必修課程，每一門課皆多達一千多冊，二、三年級分流，各科的專業科目書籍、實習工廠工機具和各類耗材，數量也非常龐大，公帑所費不貲，如果按照民間的潛規則，其中牽涉的利益必然可觀。因為採購的數量多，且涉及各科組的專業知識與技術，校部各處室軍職幕僚，僅有監察與主計單位監辦驗收與結報事宜，其他單位所能著力之處不多，因此，此等採購事宜，便授權由各教學科、組自行辦理，無形中，科主任和組長的影響力劇增，也造成科組內部的利益糾葛，明爭暗鬥，甚至導致黑函與檢控層出不窮。

　　也許是有形無形的利益可觀、人情壓力，也可能是廠商競爭激烈（全有或全無），惡意詆毀，或科主任的作法太過專斷、缺乏溝通，沒有避嫌，引起同僚不滿。我到任以後，採購暗藏弊端蜚短流長的傳聞，一直沒有間斷，也有許多具名或不具名的檢舉函，投入校長信箱，更有具正義感的老師鼓起勇氣親來校長室面報其流弊所在，建議校部儘速加以改革，以免積重難返，造成學校的重大傷害。我感覺茲事體大，這方面的問題如果沒有從制度面做妥善處理，堵住人為操作的漏洞，真的發生弊端，將嚴重傷害校譽，並打擊官師生兵對學校的信賴與尊重，成為影響學校形象，以及校務推動的不定時炸彈。

☆陸專飛機修護科老師講授飛機檢修課程。　　☆陸專電子通信科新穎的智慧控制實驗室。

　　於是，我決定採取更公平、公正和周全的作法，讓完整的採購程序攤在陽光下，接受所有人的檢驗，以最大力道壓縮可能的作弊空間。當我在某次校部會議宣示了採購制度化的決心後，曾有幕僚好意的暗示：各種教科書、實習工廠耗材採購非常專業、內情很複雜，水很深，校長應該掌握辦理原則，站在高處指導，讓各科組自己去辦理，自負應負的責任，校部大可不必去淌底下那些渾水。然而，誠如清朝先哲余潛士所言：「居官者，上不思忠君為國，下不思仁民濟物，止圖位祿，為榮身肥家之計，則本心已失，何事尚可與言。」我認為擔任什麼官職，就該負起什麼責任，各教學科組出事，校長暨校部各幕僚單位也難推卸監督不周之責，更何況既然知道問題所在，就不該因循苟且，毫無作為，而讓問題繼續惡化下去。

　　於是，承辦單位教務處會同各相關單位，依據採購法規和上級相關的政策，擬訂了一個革新作法。在通用教科書與專業書籍採購方面，先上網公告採購計畫，邀約各書商提前一週，到學校相關的教學科組辦公室，公開展示該公司出版的教科書暨有關參考書籍，讓科組所有老師皆可公開閱覽、研究，比較其優劣，然後排訂時間表，由教育長、政戰主任和教務處處長，到場主持選書公開評審會議（行政人員不參加投票），書商做完簡報，並回答老師們所提的問題後離席，即由全科（組）老師不記名投票，現場統計票數，立即公佈獲選的書籍，拍板定案，所有人皆無話可說。此

一情況下，科主任、組長或個別的老師，幾乎沒有左右投票結果的空間，相對的，也壓縮了內部人員與書商勾結、內定採購某特定版本教科書的可能性。這種作法，獲得絕大多數老師的認同，但也引來少數老師的不滿，他們抗議：自己擔任的課程，憑什麼要全科（組）的同事來票選課本？說法不能說沒有道理，然而，我仔細考慮後，還是認為同一科組老師的專業，應該相去不遠，尤其對於教科書的編排是否生動活潑、深入淺出，能不能切合該一階段學生的需求，本即是普通認知判斷的問題，倘以專業為由，阻止其他人參與教科書的採購審定，不論背後真正的原因為何，都不足為訓，因此，我以一學年為實驗期，堅持繼續執行。（註：當年內人王素真老師為某出版社編寫了一本高中（職）一年級使用的《生涯規劃》教科書，經社會組老師審議並投票，名落孫山而落榜，足見審議之公正、公開）

☆化工科老師指導學生做實驗。　　　　　☆陸專電子科工業電子教室。

　　至於實習裝備、機工具與耗材的購置，更是學問深奧。有老師來反映：實習裝備設施採購，品牌、性質優劣、新品與二手貨，其價位相去甚遠，選擇時要細心且專業，驗收時尤需防範廠商諸多奧步：譬如：「狸貓換太子」的調包，或以所謂的「同等品」替代；此外，「金玉其外，敗絮其內」的矇騙，外框是新出產品，生產日期、產品序號、經濟部標準局驗收合格證明，一應俱全，但拆卸外殼，才發現核心機件竟是鏽跡、油漬斑斑的舊貨。機工具的材質與價格，更是相差極大，其耐用程度也大相逕庭，一支工科

學生使用的銼刀，價位從十元到一百元都有，一分錢一分貨，材質與耐用、實用程度，自是天差地別，非專業者甚難辨識，不肖者與廠商勾結以高價買劣質品，一般人是無法查覺的。

　　因此，實習裝備、機工具與耗材的購置，性價比是否相稱，公帑是否花在刀口上，物超所值，其關鍵完全操諸採購人員的專業與操守。然而，人心惟危，道心惟微，人心隔肚皮，難以逆料。尤其是採購人員未必有心作弊，但迫於人情壓力，只得睜一隻眼閉一隻眼，放棄把關立場。基於人性的弱點，必須建立制度，減少人為影響的空間。於是，我們決定打破由科（組）各行其是、各自採購的舊規，律定嚴謹的採購程序和辦法：先請各科組分別提出需求品項、規格、數量和特別需求等事項，嗣由教務處徵選納編各實習工廠的專業人員，以團隊作業模式，進行彙整歸納、分類統計，按採購法的程序和規範，統一上網公告招標，統一辦理採購，在主計、監察人員監辦下，統一集中驗收。各類實習裝備、機工具與耗材，在驗收場現地，依各科（組）申購項量分配、點交簽收，所有流程公開、公正進行，杜絕私下勾結綁定的所有管道，防範以劣代優、偷天換日等可能的弊端，且能以量制價，壓低採購金額，節約公帑。

　　前述的革新作法，獲得各科組主管的支持，這讓他們卸除了所有的人情壓力，也減輕了其本身的責任與困擾，後續這類的檢控和黑函，便呈現大幅度縮減的趨勢。然而校部主動負責，承擔起策劃與督辦之責，壓力便轉嫁到校長身上，黑函攻擊的對象也轉向校長。因此有同仁戲稱：「擋人財路，如同殺人父母，必惹來殺身之禍」，事實的發展也確如所言，一語成讖，這是後話，但我一向秉持善盡己職、為所當為，「自反而縮，雖千萬人吾往矣！」，也就無視個人的毀譽了。

革故鼎新　繼往開來

5-2 公平：福利站重新招標，公平公正公開

　　我到職時，士校在龍關舊校區設有隸屬國防部總政戰局福利總處的「一二三福利營站」，該站賣場販售各種生活百貨及飲料食品。同一建築內設有理髮部、縫紉部、修錶鋪、黎明書局分店等服務設施。洗衣部、綠亭熱食部和勇士俱樂部等部門，則分設在校園不同的角落。這些部門不屬福利營站管轄，彼此互不隸屬，由本校政戰部督導管理，分別發包營運。經過長期整備擴充，整個服務項目十分完整，對於官師生兵的生活需求，提供極大的便利。隨著學校的改制、擴大招生，官師生兵人數急劇增加，營站暨各福利部門營業額也鉅幅成長，遠超往昔數倍，甚至十幾倍。

　　福利營站百貨賣場，人事與營運受國防部直接督管，全國統一標準，供貨、售價有既定規則與作業流程，營收也都上繳，問題不大，且營站經理是政戰學校二十期、空軍上校退伍的劉誠斌學長，為人低調謙虛、正派清廉。據悉廠商進貨，都攤派有一定比率的耗損量，譬如：破包、受潮、變質或裝箱短少……等原因，為避免汰換、補足等作業麻煩、費時，於派貨時都會預估運損，增給定量的貨品，俾發生上情時直接抵扣。按照作業規定，那個耗損量本在契約供給量之外，售貨所得不必計入營收，營站同仁可以名正言順均分，算是一種福

☆本校位於龍關校區的「國軍一二三營站」，直屬國防部總政治作戰部福利總處管轄。

利，完全符合要求，毫無涉法違規的風險。但是本校營站的作業，在扣除實際耗損後，都會如實將廠商多給貨品的售貨款，一五一十算清楚，計入營收，全數繳回福利總處，這種誠實不苟取的作法，已經超越「臨財毋苟得」的道德標準，多次獲得國防部的評比優勝和公開表揚，也讓學校瞭解內情者十分欽佩，個人到營站見到經理，也都尊敬有加，蓋尊其期別高，更敬重其為人也。

☆筆者與福利營站劉誠斌主任寒暄。

☆筆者到福利營站百貨部，問候售貨員同仁。

與營站同步設置有洗衣部、「綠亭」熱食部（主要販賣簡餐、米麵、水餃和滷味等熱食，以及泡沫紅茶、咖啡等茶飲）、勇士俱樂部（設置撞球檯等設施，租賃學生課餘或假日休閒之用，也提供簡單的餐飲服務）以及理髮部（以承包學生定期理髮、輪流到連服務為主，固定座位為軍士官、老師理髮為輔）、縫紉部、修錶鋪、黎明書局分店等部門。其中理髮部、縫紉部、修錶鋪、黎明書局分店等部門，屬服務性質，營業額甚少，利潤也有限，且長期由桃園本地人所承包，問題不大。最大的問題癥結，就出在洗衣部、綠亭熱食部和勇士俱樂部等部門。

洗衣部的承包商，是某軍校某年班畢業的學長，曾在本校服務多年，對學校狀況非常瞭解，退伍後轉業洗衣商。綠亭熱食部的承包商，也是一位本校退伍的少校軍官，期班較低；而勇士俱樂部的承包商，則是某軍校某年班的學長，在校時間很久，人緣不錯，因為具有某種球類的專長，也

兼任本校球隊社團的教練，與各期同學、畢業校友，相處融洽，都有一定交情。在學校轉型為綜合高中前，因為學生人數少（近幾年每期概略僅有兩、三百人，全校總人數不到一千個人），這三個部門能賺的利潤非常有限，是以付給學校的承包權利金也很少。但自民國87年8月以後，新制的常六十二期入學，一期的學生就超過一千餘人，學校編制持續擴大，官師生兵人數爆增數倍，尤其本人到任時，普通高中的常六十一期畢業，常六十四期剛剛入學，新制學生三個年級全部到齊，加上定期召訓的士官長正規班，不定期開班的士官英儲班，以及其他短期班隊，全校官師生兵總數增加至四千餘人，量體已不可同日而語。且因本校學生正值發育成長階段，食量超大，三餐之外，還要補充額外的零食、點心，消費能力驚人，綠亭、勇士俱樂部等福利場地的營收急遽增加，自不待言；而洗衣部在官師生兵人數劇增數倍，且學生衣服強制送洗的情況下，作業量與收入金額，自然暴增。這三個部門營收劇增，相較於他們先前依約繳給學校微薄的權利金，形成不對等現象。這也造成校外諸多知情廠商的眼紅和爭奪企圖，自此，針對此三福利部門的黑函滿天飛，風波不斷，校方極感頭痛。

☆本校官師生休閒中心：勇士俱樂部。

☆當年陸高學生人數爆增，衍生洗衣部承包商爭奪紛擾。（本圖非當年情景）。

據說前任校長、政戰主任等高勤官也查覺此一不合理現象，深受黑函的困擾，希望加以改革，俾遏制接踵而至的紛擾。但該一改革作法風聲剛剛傳出，即遭逢重大的阻力，時隔不久，主其事的高階主管，巧合的被調

到南部某部隊擔任非主管職，校內傳言四起，迄我到任仍未平息，原因是否被黑函中傷所致，未經查證，不方便妄加揣測，但改革的計畫與作為，就此被推遲，則是事實。

☆筆者與政戰主任張寶輝上校團結合作、相處愉快。

　　個人剛到任時的政戰主任是黃慶靈上校，相處不久他就高昇了，續由張寶輝上校接任。寶輝是屏東縣潮州人，淳樸正直，主動積極，勇於承擔，做事不急不躁，謀定而後動。他履新後不久，就發現了前述的不公平、不合理現象，認為長此以往，廠商間的惡鬥，勢必波及學校，嚴重損及校譽暨國軍形象，於是向我建議：必須克服困難，儘速加以改革，預先防制後患。記取先前改革未竟全功的經驗，他掌握整個學校福利單位的生態後，決定另闢蹊徑，擬訂由上而下的改革執行方案，也就是先與上級溝通，儘快向總部主任暨業管單位主管，報告士校福利部門現存的問題，以及改革的必要和執行方案，讓總部充分理解假如不改革，將會爆發重大的問題，損害軍譽。在取得充分支持後，返校即以迅雷不及掩耳之勢，拿出準備多時的預案，按照法定程序，進行公開招標，已成既定事實，塵埃落地，即使想要攔阻，恐怕為時已晚。

　　改革方案安排妥當，我和寶輝分進合擊，備妥分析簡報資料，先到總部，分別向總司令陳鎮湘上將、政戰主任張立峰中將提報，說明全案始末、剖析利弊得失，獲得兩位長官的充分支持和授權，嗣由寶輝到總部業管單

位，報告依法行政的具體細節，獲得支持和指導。回到學校後，不旋踵即通知各原有承包廠商，本校將依法、按契約公開招標，歡迎原本在校廠商參與競標，如果原廠商與外來廠商投標條件相同，原廠商擁有優先承包權。各原本的承包商接獲突如其來的消息，大驚失色，連忙四處陳情，據傳還驚動到總政戰局當時的某位長官，唯木已成舟，學校完全依法、依程序辦理，白紙黑字已經上網公告，沒有任何理由撤銷招標的方案，各原廠商只好硬著頭皮參與競標，以免高收益的訊息完全曝光，引來更多的競標者，先前擁有的利益恐將蕩然無存。

　　然而，因為士校人數眾多、消費龐大，各福利部門營收利潤奇高，早已遠近馳名，因此各案招標時，還是有許多聞風而至的廠商參與競爭。決標後，我們被劇增的權利金嚇到了。原本洗衣部每月區區數萬元的權利金，陡升至四十餘萬元；某飲食部一萬五千元的權利金調高到二十餘萬元；另一間兼賣簡餐的部門，權利金同樣增加很多倍，其他理髮部等部門，也都水漲船高，有大幅度調升，連黎明書店分店也由原本的一萬元，增加到一萬五千元（該分店本業的書籍、文具生意營收甚少，純屬服務性質，但兼售體育用品，反而變成主要收入）。（附註：相關金額係個人記憶所及，時間久遠，恐有誤差）我離職後，據說後面幾年因為廠商競爭益加激烈，權利金節節攀升，光洗衣部就漲到五十幾萬元，一直到總政戰局唯恐「羊毛出在羊身上」，壞了整體服務品質，改變了招標方式，那場競標的權利金角逐才告落幕。商人將本求利，獲得應有利潤無可厚非，但以服務和福利為主的單位，盈利不成比率，當然會引發惡性競爭與後遺。我由此案瞭解到何以改革的阻力會如此之大，後續更親身體驗到擋人財路的嚴重後果，但我並不後悔做了這些事情，正如先賢林則徐所言：「苟利國家生死以，豈因禍福避趨之」，如果大家都在大是大非的問題上退縮，正義公理如何彰顯！這個改革方案能夠成功，特別要歸功張寶輝主任的道德勇氣、膽識和智謀，本校政戰部與總務處同仁的縝密策劃、貫徹始終。也要感謝

當時國防部、總司令陳先生、主任張先生等各級長官和總部政戰部各單位的信任與支持。

☆新校區開設福利站分供點。　　　　　☆龍關營區：綠亭熱食部。

　　此外，如前所述，本校學生年齡在十五至十八歲之間，正值發育成長階段，食量非常大，三餐之外，還要補充額外的零食、點心，以及飲料等等。但本校福利營站的營運場所，都還設在原本的龍關校區，並未搬遷，與教學區所在的建國校區相距至少兩百多公尺。於是，下課時間在兩個校區之間，經常可以看到一個奇觀，有人數眾多的學生，放開腳步往福利站賣場、綠亭熱食部狂奔（勇士俱樂部距離較遠，往返費時，回到教室可能遲到，故前往的人數不多），人多速度快，彼此推擠，險象環生，且好不容易排隊買到食物，為避免上課遲到，又跑步回教室，氣喘噓噓，滿頭大汗，吃東西時，更是狼吞虎嚥，勢必影響身體健康。見此情況，個人內心極為不捨和憂慮，暗自盤算如何有效解決此一問題。

　　我想到在新校區設立前進分銷站的作法，但位置應該設在哪裡，則頗費思量。設在學二營大樓或實習工廠某一廠館，位置皆嫌偏遠，居中的士官長正規班大樓，已設臨時圖書館，館內禁止飲食，也不適合。經再三現地勘察、思考，最後選定在教學大樓B棟一樓兩側的樓梯間。北側開設福利站分供點，由營站販售飲料、零食和部分生活日用品，南側則由綠亭販售滷味、甜不辣和涼麵等不必升火烹飪的食物。因為位置適中、販售品項，

大多切合學生需求，大大減少學生往返奔波的時間，營站暨綠亭熱食部的營收，也大幅增加，此一改進作法，官師生兵稱便，廠商獲利，可謂雙贏。此外，為了更方便學生買到所需飲料和零食，政戰部會同總務處，透過營站的協調作業，引進自動販賣機，普設在教學大樓暨各實習工廠一樓的樓梯間或穿堂，銷售狀況同樣火爆，廠商補貨補到手軟。舉此例證，主在說明心繫基層，所有的問題都可以找到解決的方法。

　　另外，我從烈嶼離島返臺履新，因為時間匆忙，直接由機場到龍岡報到。為了翌日的布達，自己覺得應該把儀容整理一下，便就近到福利站的理髮部去理髮，理髮小姐是金門鄉親，感覺特別親切，我給了他五百塊錢，她一直推辭不要，但我還是堅持請她收下。就任沒幾天，理髮部老闆娘來見我，說為祝賀我履新，希望送盆蘭花，不知道恰不恰當？我當場婉拒，並且告訴她：她服務的主要對象是學生，而不是學校的高勤官，只要把學生招呼好，其他什麼都不必做。但這件事也引起我的警覺，身為主官，任何動作都要謹言慎行，尤其要避嫌。此後，我理髮、送洗衣服，都到校外處理，買水果、日用品，也是親自到水果攤或營站購買，從不假手侍從士或行政人員，此一習慣維持到離開公職（含在退輔會事業單位任職），一以貫之，用意無他，旨在避嫌，也讓各與學校（單位）有關的承商，以及業管人員好做事而已。至於我自己，多走走路、踩踩腳踏車，更有益於身心健康。

☆定期委書商辦理書展活動。　　☆學生人數眾多排隊理髮。

5-3 攻訐：黑函來襲，被中傷與處置

所謂「黑函」，是指一些不肖之徒，為了自己暗黑的企圖，不具名或假藉不知情人士的名義所寫，藉以攻訐他人的函件（含信件、Email 的訊息）。因為發動者躲在暗處，真假情節交織，甚至故弄玄虛，真偽莫辨，故稱為黑函。自古以來，有小人就有黑函，只是以不同的面貌出現，尤其是資訊流通快速、利益衝突複雜、道德禮法敗壞的社會，更是黑函生存的沃土，像現在網路上所謂的 1450 網軍系統性的散布假消息，便是進化版的黑函，其惡劣行徑讓人不齒。

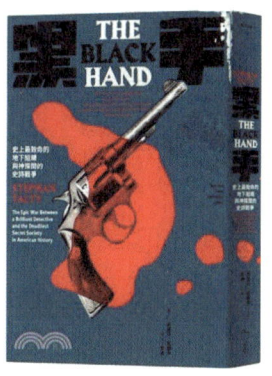

☆不具名、假藉他人為自己暗黑企圖攻訐函件。　☆黑函攻訐被中傷與扭曲。

國軍部分單位的黑函文化，肇端於何時，無跡可尋，但似乎從來不曾間斷，特別是相關重大人事調整（佔缺、調職）、工程招標、設備（大宗用品）採購……等攸關利益的案子核定前後，總是黑函滿天飛，有些是對有關決策的抗議，但更多的，則是落榜或自覺利益遭損害者的反撲與攪局。這些黑函雖然見不得光，但卻可能對當事人造成傷害，也對各級決策長官

形成相當的壓力。它們是部隊團結的大蠹，更是進步的重大障礙，處理不慎，對於部隊或單位的傷害至深且鉅。

　　軍中處理黑函，端看決策長官的態度與決心。英明有擔當者，對於縮頭縮腦、躲在暗處傷人、沒有具名的黑函，除非事證非常明確，影響極為重大，才會不動聲色交查，否則通常會束諸高閣，簽結了事。智慧不甚了了，缺乏擔當者，接獲黑函，都會驚慌失措，對於相關進行中的重大政策或人事案，瞻前顧後，惟恐牽連到自己，畏首畏尾，不敢有所作為。其中最有名的是：某位素以缺乏擔當著名的國防部高階長官，每每接獲黑函時，人事案不分青紅皂白，先予擱置再說；至於採購案，不管是非曲直，不問有沒有道理，先喊停嗣即移送檢調或法辦。在人事案方面，因為經管有時間壓力，且人事更迭快速，人事案擱置的後續發展，每每造成當事人與升遷的機會擦肩而過，即使醜聞與負面消息獲得澄清，還予清白，已經事過境遷，人事翻頁，又是另外一番風景。在採購案方面，因為動不動就移送檢調或法辦，則造成幕僚單位「多做多錯，少做少錯，不做不錯」的敷衍搪塞、消極無為風氣，行政效率大幅滑落。此一鋸箭式處理黑函的作法，大大提升黑函的殺傷力，損小（甚至毫無風險）效高（目的達成率高），無形中助長黑函的氣焰，就像打開潘朵拉的盒子般，自此一發不可收拾。

　　個人因為改革教科書、工機具和實作耗材的採購作法，執行福利部門、洗衣部等相關單位承攬的革新措施，以及糾正校內部分不當積習，的確妨礙了校內外少數相關人員的利益，遭致渠等嚴重不滿，因此，也遭到黑函的襲擊。那封黑函研判是校內極為瞭解校內狀況者所寫（也可能是集體創作），據說所陳述的「罪狀」洋洋灑灑十幾條，人事時地物敘述非常具體，也能扣合校內重大行程，營造其陳控言之有物的印象，沒有深入瞭解真實狀況的人，乍看之下，會覺得事實俱在，簡直是「罪」無可逭，嫉惡如仇的長官甚至會痛心疾首，必去之而後快。整封信的內容，惡毒至極，

範圍涉及個人私德不端、公款使用不當、校務執行失序、領導統御欠妥等範疇，不一而足，所犯過失，已經不是「胡作非為」四個字所能形容。

　　該黑函經證實是冒充本校社會組美術科吳姓女老師名義所寫，打字複印，除分呈國軍內部的國防部長、陸軍總司令、總政戰局局長，國防部、陸總部等軍風紀糾舉單位，更普發監察院、立法院等部外機構。雖然是黑函，但因內容悚動詳實，條列具體，據說部長湯先生看過，大為震怒，指示立即查辦，言若函情屬實，應予立即撤職懲處。總司令陳先生也接獲該一函件，並奉國防部指示儘速查處，當即召集政戰主任張中將、政三處長黎益繁上校等人研商。據知情人士事後轉述：召開處理會議時，總司令詢問黎處長的第一句話是：「益繁！這會是我們所認識的黃奕炳嗎？」黎處長的回應是「不可能，黃處長在金防部時，老家近在咫尺，經常忙於公務，過門不入。他在防區期間，都謝絕各種應酬，怎麼可能到了士校，居然會酗酒爛醉，而要求全校停課？」且確認是冒名檢舉，他建議依照規定不予處理，總司令暨政戰主任也同意其處理方式。

　　有關總部接獲黑函暨處理方式，經本校政戰部張寶輝主任轉告，我才知道自己遭到黑函攻擊，還差一點被拔官，因為檢舉函是冒名，將予簽結。但是，個人自信一生坦坦蕩蕩、清清白白，投效軍旅後，一路走來，戮力從公，沒有什麼不可告人之事。尤其到士校任職後，更是全心投入，全年無休，自勉作官師生兵表率，凡事謹言慎行，無愧本身職責。我非常感謝總部長官們對我的信任，但事涉校務推動，以及上下三信心的建立，並非小事，便請張主任轉告黎處長（二人係政戰學校二十四期同學）：「政三按規定不做處理，但建議由政四派員來校，就各檢控事項深入查明究竟，讓長官放心，也還我清白。因為長官的看重，賦予個人辦學教育學生的重任，我不希望在不被信任的狀況下繼續主持校務。」

　　嗣後，總部政四處派人到校約談相關人員，進行全面深度調查，發現

黑函是刻意將某些校務活動扭曲抹黑,完全不是那麼一回事。其中最誇張的有幾項:一是校長、教育長、政戰主任中午聚餐,白酒紅酒狂飲,酗酒爛醉,竟宣布全校下午停課一事。實則該案係國防部總政戰部新聞發言人黃穗生將軍,率軍事記者訪問團蒞校參訪,早上參觀校園、聽取校況簡報,看過鼓號樂隊和輕艇隊表演後,中午委託學校在勵士樓一樓接待室辦理記者聯誼餐會,所有經費和水酒,均由國防部支付和提供,個人率一級主官(管)與會,只是以地主身分作陪,僅此而已。其次,是說圖書館在我指使和縱容之下,花費數十萬元辦理教師節茶會、藝文展和書展,涉及浪費公帑和貪瀆,實則圖書館僅有區區數萬元的經費,在極為拮据的狀況下,以高度的熱忱,克服困難,勉力辦理當年教師節的活動,也完全依法、按規定辦理經費申請和結報的手續,所有的細節攤在陽光底下,都經得起檢驗,但移花接木、傷害負責盡職、戮力達成任務同仁的惡毒居心,讓人深感不齒與憤慨。再者,信中也歪曲事實,對我的人格與私德極盡污衊之能事,其企圖之險惡用心,令人髮指。

☆開誠佈公,解除黑函。　　　　　　☆黑函文化偃然息鼓、還我真相。

　　在事情充分調查並獲得澄清後,有服務於國防部相關單位的學長問我要不要去調閱黑函,瞭解誣告的詳細內容,循蛛絲馬跡線索揪出幕後黑手。我淡定的婉拒了,案經總部政四處普查,即使黑函始作俑者,也不敢昧著

良心亂說。更何況個人素來自勵：清者自清，濁者自濁，體正不怕影子歪，只要行得正、坐得正，那些邪門歪道終將不攻自破。此外，凡事正派經營，依法辦事，是最好的防護罩，鬼魅宵小於我何有哉！寫黑函者應該知道當年的總司令、部長都是睿智明理之人，他的信是經不起調查、驗證的，對我也絕對不會造成重大傷害，更不可能逼迫我畏縮退讓。但激怒、恐嚇威脅，讓我心緒紊亂、血壓飆升，恐怕才是他們預設的目的，個人何必上當呢？

當然，回首前塵，這件事的發展，個人的機遇是幸運的，長官明理，迅速處理弭平；若換成現在，在不明事理、唯恐天下不亂的媒體渲染，一堆網路正義魔人肉搜、圍剿之下，不待事實澄清，恐怕早已萬箭穿心、體無完膚了，如果再透過有心的政客推波助瀾，不被調職懲處都很難善了，仕途終結事小，一生清譽蒙塵事大，「洪仲丘事件」涉案的各級幹部被圍剿，含冤莫白，就是最明顯的例證。因此，我要特別感謝老長官陳總司令、張立峰主任以及金防部老同事黎益繁上校對我的瞭解與信任，感恩總部政三、政四協助澄清事實，有他們嚴謹的處理，才讓此一案件順利落幕、校園回歸平靜，也使士校的不肖份子知所收斂，黑函文化暫時偃旗息鼓，直到我離職時都沒有再發生過。

左宗棠曾說：「非知人不能善其任，非善任不能謂之知人，非開誠心佈公道，不能盡人之心，非獎其長護其短，不能盡人之力，非用人之朝氣，不能盡人之才，非令其優劣得所，不能盡人之用。」遭黑函攻擊一事，對於個人往後的軍旅生涯深具啟發警醒作用：當一個領導者，必須加強對幹部的平時考核，知官識兵，瞭解所屬的品德言行，疑人莫用，用人不疑。遇事要有擔當，不可因循苟且，慎重處理黑函事件，不可以耳根軟，輕信謠言或不實謊言，而讓正直認真的幹部遭受委屈，尤其不可讓那些躲在鍵盤或匿名信後面的懦夫們的暗黑行徑得逞。

5-4 徽章：設計士校專屬榮譽徽，強化認同

☆本校學生榮譽徽

為了激勵學生的榮譽感，國軍各軍種、基礎院校都有屬於代表本身傳統與榮譽的榮譽徽，甚至連中正預校都有屬於自己的榮譽徽章。這些徽章佩戴在軍服或校服上，具有認同本軍（校），凝聚團隊精神的作用，彰顯其榮譽和自豪。

然而非常遺憾，陸軍士校有校徽，各期也大多設計有屬於本身的期徽，卻沒有屬於全校學生、經過正式法定程序認證的榮譽徽。本校的學生或畢業校友在穿著軍服時（當年士校學生沒有校服，穿著軍便服掛學生領

☆筆者率隊參加總統府元旦升旗典禮。

章），有時會佩戴陸軍官校學生榮譽徽、勳獎章功標，名不正言不順，怎麼看都不對勁。個人以為要培養學生的榮譽感，建立士官的專業自信，為健全士官制度鋪路，應該要設計彰顯本身傳統價值與特性的榮譽徽，做為共同認同的標誌，以及士校所有在校生暨校友們統一的榮譽象徵。

　　本校學務處在徵詢了一些專業意見，並參考其他友校校徽的意象後，設計出士校榮譽徽。這枚榮譽徽是以校徽為基礎而設計。與大多數軍事院校的校徽一樣，以青天、白日、滿地紅國旗三種顏色為襯底，象徵我們是中華民國的國軍，永矢忠誠。中間綴以勇士校徽。外環的盾形牌，代表士官是部隊固若金湯、堅毅不拔的骨幹，勉勵學生發揮勇猛頑強的鬥志與士氣；國徽，揭櫫本校學生效忠國家、愛護人民的核心價值；展閱的書本，上面書寫「勇士」二字，期勉學生做一個允文允武的勇士，讀書不忘保家衛國，投筆從戎仍需不斷自我進修；嘉禾，除了說明以農立國的國家意識，更強調士校的學子要刻苦耐勞、節儉樸實，堅持專業，奮戰不懈，讓母校生生不息，永續發展。

　　為了讓這款新設計的榮譽徽具有正式的法定地位，個人希望能循相關程序申請上級的核准。但在徵詢過總部人事署軍教組、人勤組，乃至國防部的人事次長室軍教處、人勤處後，其答覆都是「無案例可循」、「目前各校學生所佩戴榮譽徽的存在，因年代久遠，其淵源與相關程序，均已無可稽考」，眼見徵詢無果，事不宜遲，只好自己決定、自行負責，正式以校令頒布了。

　　這枚榮譽徽公布後，由畢業校友帶到部隊、機關、其他院校，歷經二十餘年，個人無論在部隊或返回母校，都可以看到在校生或已授階的士官，高挺的胸膛上，佩戴勇士榮譽徽，雄赳赳氣昂昂向前邁進，深感欣慰。目前，這枚榮譽徽已經成為本校學生和畢業校友，甚至陸軍士官幹部佩戴的專屬徽章，對於提升士官的榮譽感暨本校學生對母校的向心力、認同感，的確發揮了重大的助益。

5-5 難忘：常六十二期的雨夜畢業典禮

☆筆者在龍關校區大操場主持常六十二期學生畢業典禮。

  我任校長期間，士校總預算高達新臺幣五十二億元的校區整建工程，正按預定期程持續進行。位於建國營區的教學大樓，專業教室，各科的工程館，士官長正規班大樓，以及學二營（一年級常六十四期）宿舍大樓、地下室餐廳概已完成。而舊校區的勵士樓、校部幕僚辦公室、勤務連、圖書館、中正堂、勇士俱樂部、綠亭、游泳池、營站各設施，以及兩個高年級（常六十二、六十三期）的宿舍、餐廳，仍未改建。學校的運作被切成兩大塊，頗為不便，所幸距離不遠，勤快一點也就過了。

學校最大的困擾,是原有龍關營區中正堂僅容千餘人,與往昔師生人數概等,重大活動一起參加,毫無問題。而今官師生兵人數快速膨脹,總數已達四千餘人,是當年人數最多的軍事教育訓練機構。因此,全校都應參加的月會或相關重大集會,根本無法容納,必須派代表參加或移師大操場司令台前的水泥坪舉行,倘若派代表,就會有將近四分之三的人會被排除門外,何況當年還不時興所謂的遠距線上集會(視訊會議)呢!各種全校性集會移師大操場,可以搬個聯合餐廳的長條板凳來坐,但天候是最大的問題與變數,秋冬季節的天氣,勉強可以接受;炎炎夏日,上軍訓會操尚可,但長時間的聚會,枯坐大太陽底下,烈日曝曬施虐,恐怕大家都很難受,何況還有未經訓練的新生,以及眾多的女性老師和職員呢?!

　　學校一年一度全校性的大事,除了校慶、校運會,就是畢業典禮了,官師生兵都要參加。校運會一般在三月份舉行,且必須在戶外,問題不大。校慶在五月初,孟夏季節,氣溫尚可忍受,且其活動一般包含閱兵分列、鼓號樂隊和社團表演、慶祝大會和園遊會、藝文展覽,和運動會一樣,主要活動都在戶外舉行,行之有年,也還 OK。反之,畢業典禮儀程包括頒發畢業證書、授階、頒獎、畢業生致答詞、貴賓致詞⋯⋯等等,過程屬於靜態、沉悶,時間較冗長,率皆於禮堂舉行比較合適。

☆筆者在常六十一期畢業典禮後與績優學生合影。　☆筆者在畢業典禮後,與英文組何耐冬、楊麗蓮二位老師暨學生合影。

☆常六十二期同學畢業典禮畢業生帶隊入場情況。

☆常六十三期同學畢業典禮後合照。

　　個人任內舉行過常六十一、六十二期的畢業典禮，六十一期是舊制高中，畢業人數僅數百人，加上校內任教師長、校外來賓、家長，以及在校生代表，中正堂勉可容納，容量的問題沒有特別顯著。常六十二期是新制綜合高中，畢業生暴增至一千三百餘人，人數是前期的四倍之多，禮堂連畢業生都無法全數容納，遑論師長、來賓和人數眾多、興高采烈前來參加子弟畢業典禮的家長暨親友們。如果租借桃園縣的體育館，又得解決租金經費報銷、往返場館交通等繁瑣的行政事宜。斟酌再三，加上圖書館舉辦閱讀嘉年華、學務處辦理全校性國閩客原四語演講比賽，都是在龍關營區操場水泥坪實施，且歷次人數達萬餘人以上的園遊會，也是在戶外舉辦，受這些成功經驗的激勵，我決定為六十二期同學策劃一場別開生面，讓他們印象深刻的夜間戶外畢業典禮。

該期畢業時間為夏末，烈日的威力仍未稍戢，考慮眾多學生家人參加，為避開驕陽，乃規劃於傍晚舉行畢業典禮。典禮儀程，先做鼓號樂隊暨績優社團表演，繼之走完授階、授證、頒獎等例行流程，最後由在校生以火把歡送畢業學長們離校，一氣呵成，象徵前程遠大光明，一路長紅。因為大部分的活動，都在黃昏與入夜後進行，因此需要準備的事項，較諸晝間要複雜、繁瑣許多，特別是夜間照明和散場時人車離校的交管，尤為成敗的關鍵，疏忽不得。

　　畢業典禮前一天，學指部動員學生將餐廳的長條板凳搬到龍關營區操場，加上租用的折疊椅，以及運動場的組合式階梯看臺，合計可容納八千多人以上，校園遍插國旗，會場四週租借大型照明設施，場地的布置很快就完成了，莊嚴肅穆，感覺很不錯。典禮當天的天氣，是我們最關心的事項，上午艷陽高照，不料天有不測風雲，下午突然轉為陰天，為保險起見，曾考慮是否改採室內的預備案，個人陷入長考。但自午後，學生家長就迫不及待陸續來到學校，人車越來越多，我跟幾位重要幹部研究後，決定風雨無阻照原案實施，但提醒官師生兵和來校賓客做好防雨準備。

　　典禮開始時，雖然烏雲密布，但並沒有下雨，等鼓號樂隊等表演結束後，開始下起毛毛雨，實施授階、頒證、頒獎和來賓致詞時，雨勢漸漸變大，等到我講話時，大雨滂沱，四角某一照明強光燈因不耐雨淋短路而故障，場地暗了一角，但全場並無騷動混亂的現象。為了縮短典禮時間，我脫稿致詞，非常簡短以風雨生信心、風雨同舟勉勵所有畢業同學，希望這麼特殊的畢業典禮，讓他們更能體會：在未來的軍旅生涯中，就像今天的天氣，有陽光，也有惱人的風雨，有平順，不可避免也會遇到挫折，因此同袍、同學之間要同舟共濟、生死與共，才能衝破橫逆，共同達成任務。典禮結束，所有的人車仍然照著交管和接待引導，井然有序的離校，我帶著所有重要幹部和營、連長冒雨在校門口，歡送畢業同學與家長、賓客離校，雖然全身從頭到腳都濕透了，但心情卻是溫暖而愉悅的。

常六十二期這場雨夜的畢業典禮，印證了天有不測風雲，也考驗了官師生風雨無阻，同舟共濟，克服困難堅持到底的決心。這是老天爺的考驗還是祝福？我不知道！但不管天氣造成的影響、效應，或相關的評價優劣如何，這都是一個士校校史上從未有過、完全不一樣的畢業典禮，以後恐怕也不會重現（因為我們已經有了大容量的禮堂和體育館，而且隨著少子化與國軍精簡，爾後招收的學生也不太可能超越當年的學生總人數）。時光荏苒，雖然時隔二十餘年，個人仍然記得：那個夜幕低垂，在燈光下，數千人或端坐或佇立雨中，時而鼓掌歡呼，時而靜默肅穆，不吝給一千多位即將離校、投入基層部隊的學子，予以虔誠祝福的場景，印象極為深刻。不知道常六十二期的同學們還有多少人記得當年的景況呢？只希望他們永遠銘記往昔師長們的叮嚀，無論身在何處，都能恪守風雨生信心、風雨同舟共濟的信念，對於母校的校訓與教育，永矢弗諼。

☆本校師長在畢業典禮後在校門口歡送畢業生離校，祝福鵬程萬里。

☆常六十二期學生舉辦盛大的畢業謝師餐會。

☆迎接畢業開啟全新領導士官軍旅。

　　此外，常六十二期畢業基金委員會自行籌辦了一場規模盛大、規劃非常嚴謹的畢業謝師餐會，以歐式自助餐的方式辦理。所有的策劃、布置、儀程，以及餐會的菜色、邀商議價，均由同學們自己處理。我只要求他們必須掌握謝師餐會的宗旨，在儀節上能充分體現敬師、謝師，感謝母校教誨與栽培的意義，而不僅是大家一起共同享用美食而已。餐會從接待師長、校友會學長等來賓就位，恭迎校旗進場，唱校歌開始，以迄餐會結束，整個過程非常順利。它不僅是謝師餐會，更是一次非常成功的精神洗禮。

繼往開來　革故鼎新

5-6 交流：培養平視軍官的態度，士校官校交流

☆落實軍士官雙軌制，從基礎養成教育做起。

☆軍校生秉持「國家、責任、榮譽」信念，發揚黃埔精神。

根據編制精神，軍、士官在軍隊中，各司其職，彼此分工合作，大家僅有階級、職務的不同，人格尊嚴一律平等，必須相互尊重。但是長久以來，國軍各部隊因為傳統偏差觀念作祟，經常顯現「官大學問大」的現象，既不尊重編制分工，也不重視專業意見，以至於軍官不尊重士官的職掌，士官執行任務的能力與自信，每下愈況，甚至淪為士官階「傳令」，凡事都在等待軍官下達命令，見了軍官，立馬矮了一截。部分士官本身也不瞭解編制設置的目的、精神與功能，自行棄守應有之專業原則和立場，士官逐漸「士兵化」，既無法維護士兵的福祉，也難以領導士兵，成為官兵的橋樑，不受士兵待見，地位日漸下滑，專業能力與自信逐步下降，遂造成軍官、士官雙軌併行制形同具文。

個人覺得要落實軍士官雙軌制，必須釜底抽薪，從軍官和士官的基礎養成教育做起。亦即從學生時代，就須授予軍、士官二者各司其職的觀念。要讓軍官學校學生瞭解：士官不僅僅是軍官的部屬，更是分工職掌不同的工作夥伴，在軍隊的有機體運作中，彼此有如車之四輪，鳥之兩翼，只有合作無間，才能確保部隊的運作正常，發揮戰力，達成任務。同樣的要本校的學生清楚認知，士官在階級、職務上，應該服從軍官的領導，但在專業領域與職責範圍要有所堅持，有為有守，平視軍官，以專業的素養贏得軍官的尊敬，以及士兵的愛戴與服從。

☆陸軍軍官學校校門、國立陸軍高級中學校門。

為了達成此一目的，加強軍、士官學校學生的相互溝通、瞭解，是非常重要的一步。因此，個人特別協調陸軍官校高層（當時的校長是張岳衡中將，教育長是接替我校長職務的郭亨政將軍）和學生部隊指揮部（指揮官姓名，時遠不復記憶），希望兩校的學生能夠多多交流。於是，當年（民國90年，2001年）五月十五日，本校四十四週年校慶，首度邀請陸軍官校學生參加，陸官派出實習旅長率領實習旅部成員，參與當天所有的活動，目睹士校的軟硬體設備各方面的進步，以及學生素質的提升，印象深刻。同年6月16日，陸軍官校校慶暨黃埔建軍七十七週年，也是第一次邀請士官學校的學生代表參加相關的慶典與活動，本校由當時的實習旅士官長帶隊前往，學生的儀表、應對，表現甚佳，讓官校的官師生刮目相看。官校與士校的交流，是否發揮預想的目標，不得而知，但至少已經跨出關鍵性的一步。近年來，返校參加各種活動或參加各期同學會，看到當前自國防部參謀本部、各軍司令部、軍團以迄基層營連，皆設置士官督導長，士官也展現應有的自信，個人頗為欣慰。

☆常六十二期入場莊嚴儀式，象徵責任榮譽的傳承。

輯 六

前瞻擘劃，永續發展

☆筆者擔任國防部常務次長，返校督導體育館、中正堂暨鐘樓的續建工程。

☆改制陸軍專科學校完成校園整建工程正門全景。

6-1 發展：學校發展方向的構思與轉折

　　由於國內教育日愈普及，年輕人的學歷節節攀高，尤其是民國 83 年（1994）「四一〇教改聯盟」提出四大訴求：「落實小班小校、廣設高中、大學、推動教育現代化、制定教育基本法」，這四項訴求也成為後來教育改革的主軸。軍事教育雖然是獨立的體系，但仍難自外於整個國家教育環境的變遷，而巍然不動。國防部暨陸總部為因應排山倒海而來的教改浪潮，首先改革士官學校的學制，將普通高中改為綜合高中，嚴格遵守小班制（每班概為二十五至三十人）。且懍於國家未來發展趨勢和部隊需求，本校在教育體制和內涵上，已經無法滿足於改制為綜合高中，而必須往前走，做更長遠而務實的規劃。

☆校園整建後之學指部大樓暨學生宿舍及餐廳全景。

事實上，當時陸軍總部已有相關的前瞻規劃與指導，要求士校改制為綜合高中時，新進的老師必須具備碩士（含）以上的學歷，並鼓勵目前在校未具碩士學資的老師，利用課餘時間在職進修，為將來教育體制再次變革創造條件，並減少學資不符的教師疏處問題。然而，個人深知學校未來的走向和發展問題，應該立基於如何貫徹「為用而育」的目標，提升士官素質，為建立健全的士官制度奠定厚實的基礎，教育體制調整，升格為專科只是其中的一個環節而非全部，做好相關的規劃與準備很重要，但當前最重要而迫切的工作，則是如何充實教育的內涵，確確實實辦好綜合高中的教育。

　　為了辦好綜合高中教育，必須秉持「為用而育」的目標，前瞻軍事科技發展方向，考慮部隊作戰需求，做全方位的關照，讓學校的教育內涵更加紮實與完整。個人來自部隊，深刻瞭解：除了堅貞的軍人志節，以及優良的品德外，優越的體能與智能，是基層幹部達成任務的必備條件，缺一不可，在本校全人教育的要求下，務期善加培養。在智能培育方面，面對資訊化作戰時代的來臨，一個現代化的士官，具備資訊專業，至為重要；而優越的體能戰技，是支持戰鬥、戰術，乃至戰略的必要條件，更是戰力的泉源。是以，本校如果得以增設體育科和資訊科，應該更能滿足部隊的需要。

☆地面部隊迫切需要具備體育專長的士官。　　☆經歷多年努力108年陸專已設立體育科。

設立體育科的發想，雖然是源自於個人在各級部隊歷練的經驗，瞭解基層對體能戰技師資的迫切需求。但更直接的原因，則是政戰學校的體育系，因為國防部高層一個非常主觀的理由，竟然被裁撤了，國軍長期培養體能戰技師資的機制，將無以為繼，勢必形成人才的斷層，長此以往，僅能仰賴民間的體育校院或陸軍步兵學校體幹班的培養。然而，民間學校的課程，不可能以五項戰技等部隊所需專長的培訓為核心，而體幹班的短期班隊，著重基層「技」和「術」的培訓，在理論建構、政策研擬與建議方面，恐怕難以承擔重任；且就基層部隊任務與特性考量，具備體育專長的士官，顯然較諸機工、工機、化工等專業，更為迫切需要，尤其是特戰部隊、兩棲蛙人部隊、海軍陸戰隊爆破隊和陸軍、陸戰隊、憲兵和海巡等單位的特勤隊，更是需求孔急。此外，個人與相關幹部暨文職老師評估過，在本校增設體育科，不必做太多投資（校內體育設施設備完整，在後續校園整建項目，還有專屬體育館、游泳池），師資也沒有問題，體育組的金鐵城老師具有體育專業相關的博士學位，其他軍職教官都是政戰學校體育系或體育大學科班出身，多位具碩士以上學資，學有專長，特別是軍事體能戰技等課程，包含莒拳道、搏擊、刺槍術、五百障礙超越、武裝泳渡、手榴彈投擲，射擊……等等，尤屬看家本領，不待外求，我們絕對有信心建置一個符合部隊需求、具有軍事特色的體育科，訓練出備受部隊歡迎的士官幹部與體能戰技師資。

☆培育具國防體育專業能力之士官。　　☆輔導學生獲得各種技擊證照。

在完成增設的相關規劃後，我揣著簡報、信心滿滿的前往國防部人力司軍教處，協調申辦設立體育科時，處長陳膺宇將軍好意的提醒我：「部長剛剛把政戰學校的體育系廢掉，你立即就建議要增設體育科，時機是不是很恰當啊？」陳處長是學者型的儒將，話說得非常含蓄，但背後的涵義清楚，立意甚佳，時機不對，全案就此觸礁了。但我從未放棄此一想法，在離職時也特別列入交接，希望繼任的郭校長繼續努力。嗣後，校長人事更迭頻繁，但在各種返校的時機（如校慶、校運會或做專題演講），都不忘將此一構想的必要性與優點，提供歷任的校長（如：陳敬忠、張志範、潘家宇等多位校長）參考。經過多任校長的努力，民國108年（2019）返校參加校慶時，聽說學校已經設立體育科，深感欣慰，但此一方向正確的決定，已經遲到了超過二十年，不無遺憾。

　　至於資訊科的設立，基本上，學校已經具有專業的廠館，以及數量頗多、設備新穎的電腦教室，不必增加投資，嗣因與電子科的課程設計、師資專業和軟硬體設備，有諸多重疊的部分，一時間難以分割。故僅請資訊中心將各科電腦教室的軟、硬體設施設備做統計分類，細密規劃，律定如何在最符合經濟效益的狀況下，按預劃期程、機型、數量，逐年逐批更新，保持有一批最新的資訊設備，期達有效整合、維持新穎、資源共享之目的，並為爾後籌設資訊科預做準備。陸高升格為專科時，迎合現代戰爭變遷與軍隊迫切需求，已經設立了資訊學科，足見二十餘年前所訂的方向與目標是正確的，個人頗感欣慰。

　　其次，是學校的升格問題。在所謂「教育改革」民粹化推波助瀾之下，社會上普設

☆建議籌設資訊科，學校已具有專業廠館。

大學（含科技大學）風起雲湧，許多五專、三專，甚至高中（職）爭先恐後申請升格為科大或學院，大專院校暴增。不管教改後大學生真正的「學力」和素質如何，入伍役男學歷節節升高，是不爭的事實。年齡較輕的士官幹部，以高中學歷去管理具有大專甚至博、碩士學歷的士官兵，極可能造成領導與管理上的問題，因此將士官學校升格為專科學校，提升士官整體學歷和素質，已經成為國防部與陸軍總部思考和努力的方向，尤其當時空軍機、通校都已經升格為專科班，正執行整併升格為技術學院，陸軍在陸軍官校也設有士官二專班，提供陸階士官進修，人數雖然相當有限，但已為士校升格指出發展的走向，沛然莫之能禦。因此，培養地面部隊士官（本校培養的士官，除陸軍本身外，還包括海軍陸戰隊、空軍防空警衛部隊、聯勤、後備、憲兵、海巡等友軍的基層士官）的陸軍高中，轉型升格為專科學校，勢在必行，唯一尚未確定的事項，只是設置型態、科系和時間的問題罷了。

　　為了解決學校升格的師資問題，本校在轉型為綜合高中時，陸軍總部即要求新聘的教師，都必須具備碩士（含）以上的學歷，而且鼓勵老師們在職進修博士學位，那個階段的陸軍高中，恐怕是全國高中職師資平均學歷最高、教師進修最踴躍的學校了。為了前瞻學校未來發展，領先反應，本校慎重策劃了升格專科的方案，並且前往總部向總司令提報，但陳先生的指導是：「士校剛轉型，學生的來源日增，目前的素質也大幅提升至公立高職的水準，整體趨勢朝著正向發展。而當前社會上普設大學，科技大學如雨後春筍，專科學歷相較之下，吸引力有限，冒然升格，未必能招到像目前一般素質的學生。學校有旺盛的企圖心，值得鼓勵，但希望能踩穩腳步，徐圖後續的發展，千萬不可以好高騖遠，反而造成負面的影響。至於貴校以空軍機校、通校士官班升格專科為例，認為將來陸專的招生同樣樂觀，實待商榷。因為，空軍機、通校培養的全部是技勤士官，未來以飛機修護、通信電子操作或氣象預測作業等工作為主，工作環境多在空軍基

地的後勤單位，生活安定，且離退後的出路也比較有保障。反之，陸專畢業生以擔任戰鬥、戰鬥支援兵科基層的領導職士官為主，工作環境大多在野戰部隊，本島外島輪調，生活不穩定，離退出路因在役的專長而受限，相較之下，彼此的誘因不同，招募的效果也會有落差。因此，陸軍士校的升格應該從長計議，不可躁進。」陳總司令以其對國內一般高教和軍事教育的深刻瞭解，要求學校進一步檢討，策訂更務實、更有利提升地面部隊士官素質的發展計畫。該一提報與指導時隔二十餘年，回首前塵，面對當前陸專招生，以回流教育的現役士官與志願役士兵為主力，社青來源稀缺、且以女性居多的困境，陳先生當年超越時空的遠見，令人既佩服又唏噓。

　　遵照陳總司令的指導，本校另起爐灶重新規劃。首先，我率業管同仁前往幾間新近升格的民間公私立大專院校參訪、請益，返校再做思考和推演，竭力找出可行方案。經過努力，我們策定了新的升格計畫，預定採取國立宜蘭技術學院（現在已經升格為國立宜蘭大學）漸進式的發展模式。該校原為省立宜蘭農工職校（民國 58 年至 77 年），在民國 77 年（1988）升格為專科（民國 77 年至 87 年），87 年（1998），再升格為技術學院（民國 87 年至 92 年）。但兩次的升格，為適應宜蘭地區的產業結構需要，確保學生來源無虞，穩步執行，大專體系下保留原有的高職班隊，為附設高職部，高職畢業生不但為宜蘭當地的企業提供了技術人力，這些學生直升或回流教育，也使新成立的學院，有了固定的學生來源，可謂是一舉多得。在升格過程中，學校的工作是管理和整合，逐步穩健發展。當年國立宜蘭技術學院的校長劉瑞生博士，係由臺灣大學教務長借調而來，是我參加研究生研習營的輔導老師（註：民國 73 年個人就讀政戰學校政治研究所碩士班，參加教育部在日月潭舉辦的研究生研習營），對我們的觀摩請益，傾囊相授，鉅細靡遺，讓我們對未來學校升格轉型，有了更宏觀且務實的構想。

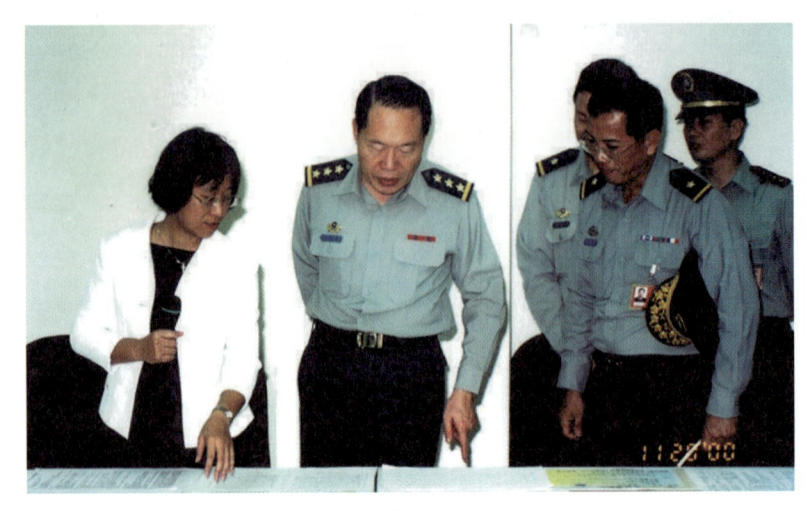

☆總司令陳鎮湘上將視導士校新搬遷圖書館。

　　我們當時的新構想是：複製宜蘭技術學院的升格模式，即專科學校附設高職部。在專科班方面，學校八個科初期每年各招一個班，兩個年級就有十六個班，每班四十人，總數計達六百四十人。綜合高中部方面，轉型為高職，維持原本的招生員額。高職部的學生，畢業後先下部隊，以上兵任用，一年後晉升下士，既可補充志願役士兵的員額，又可充實基層的士官。

　　此外，為了提升高職部讀書風氣，並確保專科部學生來源與素質，高職各科畢業成績最好的前十至二十名，直接保送專科班（約佔該期專科新生的半數，另外一半外招社青或部隊士官兵報考），但保留學籍，先下部隊一年，晉升士官後，再返回母校接受兩年的回流進修教育，使考績和資歷得以延續，而不至於中斷，回流進修教育期間領士官薪餉（僅領本俸30,000餘元，不領職務加給），而非學生零用金（12,900餘元），其待遇明顯優於社青生，可增加本校績優畢業生就讀母校專科班的意願，對於高職部的學生也是一種激勵。

　　這個升格構想的優點，一則可以確保地面部隊士官兵來源的穩定，穩定補充基層部隊士官、志願役士兵的人數；二來陸高優秀的畢業生可以獲

得進修的機會，無形中也增進了學生戮力課業的動力，全面提高讀書風氣；第三、確保專科部學生有穩定來源和素質；最重要的效應，是高中至專科一貫制的教育，既提高了士官的素質，又延長服役的年限，讓優秀士官可以長留久用，有利穩固基層。經年累月，必定可以為健全的士官制度奠定厚實的基礎。

☆前瞻擘劃、整建陸專新校園，規模宏偉、景觀優美。

　　此一循序漸進、構思縝密，有百利而無一害的發展計畫，方告成形，惜乎因為陳總司令調任國防大學校長，個人不久也調離士校，人去政息，遂告中輟。民國94年（2005），一位對陸軍夙有成見的國防部高層長官核定士校升格為專科，同時宣布將高中部全部廢止，民國96年（2007），隨著最後一期高中部同學畢業離校，前述的規劃構想成為泡影。嗣後，國軍推動全募兵制，面對少子化的趨勢，志願役士兵招募困難、士官嚴重短缺的困境，陸專的社青招生也嚴重不足，必須大量招考部隊現職的士官兵，藉以填補招生員額，形成另類的挖東牆補西牆，顯非長久之計。邇來，據說國防部暨陸軍司令部為了解決當前陸專招生面臨的困境，重新思考恢復高職部，或改制為五專（高職加二專），惜乎教育體制改革牽涉的問題極為複雜，裁撤容易恢復難，悔之已晚。

　　附記：去（113）年偕同李福華將軍、黃國明將軍應邀參加國立臺中高職新舊任校長的交接典禮，得悉該校係國立中興大學附屬學校，與中興

的農學院相輔相成，栽培臺灣中部地區各階層的產業人才，居功厥偉，國內大專附設高中（職）的情況不勝枚舉，國軍高層當年不夠周全的政策思考，種下今日的困境，深值檢討。

個人以為：任何政策的策劃與執行，必須有深邃的眼光和宏觀的視野，著眼更長遠的未來，尤其是百年樹人的教育政策更是如此。當年國防部核定陸軍高中的升格轉型，顯然並未考慮到少子化的趨勢、教育大環境的變遷，也沒有前瞻兵役制度的變革，只是以軍種的傲慢和偏見，用一刀切的態度，冒然摧毀得來不易的辦學成果，著實令人扼腕。

此外，有一個類似的案例，同樣深值警醒。民國98年（2009），國防部推動「精粹案」，戰規司提報精簡規劃方案，建議停辦裁撤中正幹部預備學校。會中各軍種都在為本軍爭取員、階額，甚至爭得面紅耳赤，無人在意直屬國防部的預校存廢問題，且那幾年因為馬政府執政，兩岸關係緩和，國內經濟狀況平穩，軍校聯招報名踴躍、各校錄取分數節節攀高，質量均佳，竟然沒有人表達反對意見，連列席的預校校長夏玉人將軍，以及業管軍事教育的聯一次長，都保持緘默，沒有起立捍衛預校存在的價值和貢獻。眼看主席陳肇敏部長就要裁決定案，個人（時任常務次長）想起陸高驟然被廢的前車之鑑，乃站起來仗義執言，實施意見具申：「一座學校的建立，是無數人經過長期努力耕耘的心血結晶，中正預校亦然。裁撤預校很容易，今天下令，明天該校即將逐漸走入歷史。但目前各軍校外招的招生情況很好，不代表以後也能滿足需求，假如有一天又發生外招招生困難，想要恢復預校現有的規模和成效，則非再花費數十年時間不為功。何況高雄市政府覬覦預校廣闊的校地已久，預校裁撤，判斷該府將竭盡各種手段，要求校區八十四公頃土地全數撥用，屆時，預校將永無復校的可能。本案影響深遠，建請部長再作考慮。」陳部長擔任過空軍官校校長，深知教育的重要性，以及辦學的艱辛，立即裁決「預校停辦案」要從長計議，該案暫被擱置。

後來，戰規司有將該校改制為陸軍官校附設預備班，遷址陸官南營區之議，幸未成案。嗣隔數年，因內外在環境產生重大變遷與衝擊，兩岸關係劍拔弩張，少子化趨勢每下愈況，軍校聯招報考踴躍的榮景不再，各軍校招生成效拉警報，軍士官嚴重缺員，甚至不得不挖東牆補西牆，採取鼓勵士官轉任軍官、預官短期補充、退伍軍官假日回部隊輔勤等應急措施，中正預校的重要性與功能，再次受到青睞，後來為了培養空軍與陸航的飛行員，連國中部都恢復招生呢！足見人無遠慮，必有近憂，陸軍高中與中正預校裁撤案的經驗教訓，殷鑒不遠，深值記取。

　　個人久耽軍旅，且長時間在各軍校任職，一直覺得國軍長久以來，對軍事教育都不夠重視。在編制員階額精簡擺不平時，第一優先是裁減學校的員階額，反正短時間也看不出其負面的影響，等到問題出現，主其事者早已高升或離退。人事運用上，往往將軍校的重要主官管職缺，當作人事調節之用，毫不尊重軍事教育的專業性質。在編階調降時，也是先將軍校的編階降低（譬如：保留軍團副指揮官的中將階額，而將各軍官學校校長原本的中將階降編為少將），孰不知軍校校長是榮譽職，階級高低與其資歷連動，視野、眼界皆有所差異，更影響其在總部或國防部的地位和發言份量，更重要的是，凸顯決策長官對軍事教育的重視程度。惜乎，該一現象迄今不見改善，實有憾焉。

☆學生每日體能訓練。

☆本校校園新地標暨校舍一隅。

前瞻擘劃 永續發展

6-2 誠實：榮譽制度的核心價值在誠實

☆筆者授予學業成績名列前茅的學生榮譽徽章。

☆筆者授旗校代表隊，勉勵發揮精誠勇毅精神，為校爭光。

軍校是軍人奠基造型養成教育最重要的場域，一般學科和專業技能的培養固然重要，但「忠於國家，愛護人民」中心思想，「主義、領袖、國家、責任、榮譽」五大信念和「犧牲、團結、負責」黃埔精神的養成，無疑更加重要。而欲使中心思想、五大信念和黃埔精神深植人心，在生活、工作與戰鬥中發揮作用，誠實是最重要的基礎，養成誠實習慣，貫徹榮譽制度是唯一的途徑。

自古以來，我國即甚重視誠實德行的重要性與培養。宋代大儒周敦頤指出：「誠，五常之本，百行之源也。」程頤云：「謂之達德者，天下古今所同得之理也。一則誠而已矣。」歷史上的名將也都揭櫫誠實的重要，譬如：清代中興名臣、創立湘軍的曾國藩說：「誠者物之終始，不誠無物。」名將胡林翼強調：「精誠所至，金石為開。」民國初年護國大將軍蔡鍔註釋《曾胡治兵語錄》時，特別指出軍隊不誠實的重大禍害：「社會以偽相尚，

其禍伏而緩,軍隊以偽相尚,其禍彰而速且烈。」,先總統蔣公中正也指出:「誠乃一切德性、一切事業成功的基礎。」因此,國軍重視崇法務實,早已有之,在軍校更是要求學生要養成誠實習性,防止虛偽造假,三軍大學在入校大道中央更是樹立了一個大大的「實」字,明確告誡官師生,踏實、誠實對於軍隊和將校的重要性。

　　國軍軍事院校重視學生誠實德行的養成,但在早年並沒有完整具體的制度,用以要求並實踐該一德行。嗣後,由美國西點、維吉尼亞等軍校引進榮譽制度的作法,逐漸推展,使該一品德教育不致淪為抽象、空洞的說教,或要求標準不一的制約。榮譽制度的內涵非常淺顯易懂,是由「不說謊、不欺騙、不偷竊,不縱容違反榮譽制度的人與事」的信條所建立,係學員生榮譽和道德的底線,前三條是對學員生學習訓練的行為約束,有效防止了學員生中容易出現的剽竊作業、考核作弊和學術造假等現象。最後一條可以看作前三條的保障,即學員生之間互相監督,藉以營造良好的品德環境,培養學員生的道德勇氣。最終目的,是讓學員生養成習慣,下部隊後也能秉持校訓,存誠務實,嚴禁虛偽造假、陽奉陰違,領導部隊養成誠實為先、榮譽至上的優良軍風,團結所屬官兵,執行並達成任務。

　　學員生違反榮譽制度,有著嚴謹的處理程序,以確保毋枉毋縱。經檢舉或發現學員生有違反榮譽信條的事實,即移送學生組成的榮譽法庭審理,判定屬實者,將依渠等犯錯情節的輕重,給予應有的處分。陸軍官校建構榮譽制度,行之有年,起步較早,有非常完整的規定和作業程序。個人擔任官校學生部隊指揮官時,即曾督導處理過許多違反榮譽制度的案件。士校雖然也重視誠實的重要性,不容許說謊、欺騙和偷竊等行為,但在民國 89 年之前,並未明確揭櫫建立與官校相同的榮譽制度,也沒有具體執行的機制。揆諸其原因,在於本校的學生剛由國中畢業,年齡較輕,對於是非曲直的判斷,無法像官校生一般清晰,籌組學生榮譽法庭所作裁決,讓人難以完全放心。個人離開官校不久,且有訪問美國西點、維吉尼

亞、色岱爾（堡壘）和威爾猛等四大軍校的經驗，到任後，認為士校培養的學生，將來是基層部隊的骨幹，應該與官校生一樣，重視以誠實為核心的榮譽觀念，因此，遵守榮譽信條、維護榮譽制度，必須成為學生品德教育的核心課題。

士校與官校雖然都是軍事學校，但教育目標、教育內涵、層級，以及學生的年齡、學歷、來源和心智成熟程度不同。在品德教育上，雖然榮譽信條的價值與堅持相同，但制度的實際操作，則不可能全盤接收。尤其我們的學生更大比率是來自偏鄉地區、弱勢族群，而且大多正值性格轉型的叛逆期，必須因時、因地、因人而制宜。

☆重視以誠實為核心的榮譽觀念。

☆遵守榮譽信條、維護榮譽制度。

於是，我們決定從基本功入手，結合生活常規教育，運用各種集會，以及每週校長與各期同學的個別座談溝通，加強對榮譽信條的宣教，強調不說謊、不欺騙、不偷竊，乃至考試不作弊，不縱容前述行為，是軍人武德的基本要求。在作法上，並未如官校一般嚴厲，而是採取較為彈性的要求標準，一年級新生初犯，會斟酌其動機、家庭背景和情節輕重，給予一至二次改過的機會，邀請家長到校，共同協力加以矯正，如屢誡不改，只好忍痛予以淘汰。譬如有某位鄉下來的小孩，經常未經同學同意，即擅自穿走同學的球鞋，或取用同學的文具，不以為忤。經約談瞭解在他的生長過程和環境中，這種行為並未受到糾正、制止或懲處，長此以往，遂習以

為常，不認為有任何不妥之處。經通知家長來學校溝通，但家長瞭解子弟之行為後，不僅毫無愧色，反而抱怨校方小題大作。因此，學校不僅要導正學生的行為，還必須說服家長，於是從觀念的導正做起，嚴正告訴家長和孩子們「個人財產擁有不可侵犯的權力」、「不告而取謂之偷」，隨便偷用同學的物品，就是違反榮譽制度，將會受到校規的處分，輕者記大過，情節嚴重者，即予開除。經過學校不懈的努力，的確有一些成果，但發現仍有少數積重難返、屢誡不改者，只有忍痛予以淘汰。至於二、三年級的同學，在校時間較長，經過一年以上的耳提面命、反覆宣教，且往例經驗歷歷在目，理應瞭解榮譽制度的要求，「不知道」不是理由，如有違反，則不予輕貸。

　　有人質疑對低年級採取較寬鬆的要求標準與作法，有失公平，校規之前一律平等，不宜有等差待遇。此一說法固然不錯，但觀念的建立，德行的培養，絕非一蹴可幾，不知者不罪，況且，某些來自於弱勢族群的同學，其家庭教育，並未清晰灌輸正確觀念，且對這些出身背景的孩子而言，讀士校可能是他們脫離貧困、力爭上游、翻轉人生境遇的唯一機會。能夠給予這些孩子們掙脫困境的踏板，用更多的心力加以教育，將渠等打造成國家、社會和軍隊有用的人，不是功德一件嗎？緊緊守住校規的條文，開除趕人很容易，糾錯教育成材卻很難、很艱辛，我們選擇走一條困難而艱辛的道路，是希望為國家、社會多盡點力。我自忖：得天下英才而教之，很了不起，很有成就感，但能將一些社會普遍認為資質不甚了了的人，教育成材，甚至為國家擔當重大責任，不是更了不起，更值得尊敬嗎？個人一直認為士官學校是一所了不起的學校，其原因在於：所有師長、隊職官們無怨無悔，將人生的青春歲月盡瘁於斯，都在為國家社會做一般人認為「化腐朽為神奇」、「化平庸為優秀」的實事，其所花費的心血，要十倍甚至百倍於所謂的「名校」。回首前塵，反省當年在母校的所有決策與作為，自覺並沒有辜負國家暨軍隊的託付。

6-3 前瞻：健全實習幹部制度，給予機會開拓視野

軍校是培養未來幹部的搖籃，其課程除了學、術科以外，也重視身教與境教，亦即校園環境和典範薰陶的啟發，這些有形、無形的教育，對學生人格與軍人氣質的陶鑄，影響至深且鉅。此外，為了讓學生習得領導統御和內部管理的要領，通常會根據學校教育目標，為用而育，設計一套實習幹部制度，讓學生在師長暨隊職官的輔導下，系統性熟稔基層部隊的實務，俾能在畢業任職時，可以迅速進入狀況，帶領所屬執行並達成任務，這是軍校與一般文學校非常明顯的區別所在，至關重要。

士校作為培育國軍地面部隊士官幹部的學府，當然有因應自己需求的實習幹部制度。但我到任時，士校的實習幹部歷練職務，僅限於連級（含）以下的連士官長、副排長、班長、副班長和各參業務士等相關士官職務，由三年級同學派任，以熟稔該等職務之執行要領，至於營級以上，皆付之闕如。

☆本校前瞻未來，設立實習總士官長。

此時，國防部正大力推行精進士官制度，雖然在編制上，營級以上士官的地位和組成並不周全，但已有設立旅、營級以上士官督導長的構想。個人深知軍、士官分流，各司其職，分工合作，已是大勢所趨、勢在必行，而比照軍官體系，建立各層級健全的士官體系，應該

☆校慶閱兵典禮，由本校三年級學生實習總士官長負責指揮，表現深受來賓與家長肯定。

是國軍未來組織體制的發展方向，因此，本校的實習幹部制度，如果還自限在連級以下，勢必難以適應國軍未來的需求。前瞻未來，領先反應，本校實習幹部制度必須比照陸軍官校，向上延伸到營、旅級，亦即設立實習旅、營士官長，以及該等層級各參士官的實習職務，俾學生在格局與視野上有所提升。

　　商議構思之初，也有幹部提出疑慮，認為我們的學生年紀尚輕、經驗不足，恐怕難以擔當大任，如果只是為設立而設立、擺擺樣子，意義就不大了。但個人的想法是：年紀輕、經驗不足都不成問題，高中的孩子可塑性很大，學習能力強，尤其三年級同學已近成年，潛力無限，只要有計畫加以栽培，適切施予輔導，應可獲得預期效果，更何況還沒有做，怎麼知道會做不好？樂觀者看到成功的契機，悲觀者消極退縮、故步自封。考慮再三，我決定在實習幹部制度做前瞻、大膽的調整，希望它能更切合學生未來在部隊發展的需要。

從常六十二期開始，依照身高、儀表、口令、品行和課業等條件，經過逐級審核，嚴格甄試，選出實習旅、營士官長，以及相關層級的實習士官幕僚職，並且讓他們實地參與學生營、學指部和校部的一些事務。譬如：學校各種儀典、閱兵分列的部隊指揮工作，原由學生指揮部的團值星官（值星的營長）或上校階一級主官（管）擔任，部分移由實習旅士官長擔綱。實習旅、營部也協助學生指揮部和各營營部處理一些內部管理、基本教練和後勤補給等基層庶務。這些實習幹部學習能力很強，認真負責，其儀表和基本動作，在學指部加強訓練下，也有很大進步，大部隊集合時，指揮口令、報告詞、敬禮和指揮刀撇刀動作，有板有眼，一絲不苟。記得在某次有來賓、家長參與的大型活動上（不記得是什麼性質的活動），實習旅士官長出列，儀表堂堂，指揮學生部隊閱兵分列時，動作熟練標準，頗有大將之風，贏得滿場來賓、家長的讚揚。實習旅士官長的母親對於孩子接受兩年多的軍事教育，竟然可以表現得如此穩健、充滿自信，在眾人注目下，指揮若定，深感安慰與自豪，在典禮結束後，特別由該生陪同跑來向我道謝，她誠摯感謝與激動的表情，時隔多年，我到現在依然印象深刻。曾國藩有云：「人材以陶冶而成，不可眼孔太高，動謂無人可用。」天生的領導者，固然有之，但絕大多數的領導才能養成，則須靠後天的栽培。

國軍精進士官制度，近十幾年來，陸續設立國防部、總部（司令部）、軍團（作戰區）、聯兵旅等各層級的總士官長或士官督導長，並增設相應的士官長辦公室，編制與分工，逐漸朝軍士官分流方向發展，雖然其成效，仍有極大努力空間，但不可否認的，已經朝著正確的方向前進，不可能退縮。因此，從學生時代開始培養士官的膽識、胸襟和自信，是非常必要的。時隔二十幾年，常六十二期以後各期的同學，如果仍然留在軍中發展者，應該都已晉升到各級士官長的職務，判斷有不少人已經出任或即將擔任旅級（含）以上士官督導長（如：常六十三期的賴俊宏已經高升陸軍二〇三旅旅士官督導長，對自己的工作充滿自信），士校當年的歷練，對畢業同學們是否有所助益？是一個值得調查和研究的課題。

6-4 定位：接受預校轉學生的不同想法，自我定位與自信

　　早年，社會普遍存在「好男不當兵，好鐵不打釘」的偏差觀念，傳統士大夫「兵不如士，士不如官」的想法，深植人心。因此，舊制的陸軍士校招生非常辛苦，素質參差不齊。尤其在學術科的入學分數，較諸中正預校的學生，確有差距。因此，即使是預校轉學來校的學生，成績都領先本校原本的學生。據資料顯示，自有預校轉學生以來，在常六十一期之前，各期畢業前幾名，幾乎全由預校轉學生所包辦。記憶裡，我主持常六十一期畢業典禮，成績第一名的同學，就是預校轉學過來的。

☆拜訪憲兵學校慰勉常六十一期接受分科教育學生。

中正預校學生轉學到士校有幾種狀況，最多的一種，是學測成績未達直升三軍官校暨政戰學校的標準，因家庭或個人因素，又不能退學或留級，學校依其意願，輔導轉學士官學校；另一種狀況是學生個人因性向等因素，無意長期在軍隊發展，家長又為家庭經濟等各種原因，不願或無力賠償讓他們退學，妥協的結果，是讓孩子轉唸士校，畢業後服役時間較短（戰鬥兵科四年，勤務兵科六年），學生與家長皆可接受。當然還有其他各種原因，不一而足。因此，為了保持中正預校學生問題處理的彈性暨迴旋空間，轉讀士校，給予學生和家長另一個選擇的機會，切合各方所需；而預校的轉學生，在士校招生嚴重不足、難以滿足部隊士官員額需求的狀況下，扮演新血補充的作用（何況這些轉學生的平均素質不差），各取所需，具有互補作用，在當年的時空背景下，的的確確是非常周全的作法。

☆學生畢業授階分發下部隊。

　　在士校舊制時期，預校轉學生到校，問題不大，但在士校轉型為綜合高中後，很多課業和生活適應問題就開始浮現了。在課業方面，舊制時期的士校為普通高中，課程和教材與預校大同小異。預校轉學生到校後，重讀高三的課程，與本校畢業班同時畢業、分科、授階，下部隊。基本上，因預校轉學生的素質不差，在校應付裕如，可以輕輕鬆鬆過關，完全沒有壓力，是以課業表現大多良好，畢業成績皆能名列前茅，選科與抽籤下部隊，都具有相當優勢。但到了綜合高中時期，根據學制，本校二、三年級已經實施分流，專業課程大多係技職類的科目，與普通高中所學迥然不同，這些轉學生中途插入，接觸的是完全陌生的專業領域，沒有經過二年級的奠基打底，直接跳升三年級的課程，

雖不能說是鴨子聽雷，至少是要花費更多功夫去學習，壓力陡增，特別是本校招收學生的素質逐年提升，已非昔日阿蒙。此一階段，轉學生在成績計算、選科與抽籤下部隊等各方面的優勢，遠不如前期轉來的學長，其辛苦與挫折可以想見矣。

在生活方面，本校原有硬體生活設施，因受預算限制，基本條件跟國防部大力挹注投資建設下的中正預校，具有相當大的差距。嗣後，士校雖在國防部支持下，編列龐大預算實施整建，但迄個人到任，僅完成第一階段工程，校舍新舊雜陳，無法給各期班相同的生活條件。權衡學生適應的問題，高年級同學得將新穎宿舍禮讓給新生，而住在老舊的龍關校區，方方面面實有諸多不便之處。本校高年級同學基於學長愛護學弟，無話可說，且已完全適應。但在預校轉學生看來，較諸預校的巨大落差，讓他們很難適應，因此，有部分人牢騷滿腹，直接在隊職官或本校學生面前，冷嘲熱諷抨擊學校，不僅影響管教，與本校原有學生格格不入，也牽動其他轉學生的情緒，無法安心向學，心輔中心和隊職幹部要花費非常多的苦心去實施輔導。

然而，讓我興起婉拒預校轉學生、切斷此一轉學模式念頭的主要原因，並非完全是管教與課業銜接困難的問題，而是著眼於建立士官的定位與自信。當時國軍正如火如荼推行「精進士官制度」，軍士官分流發展的呼聲響徹雲霄，自國防部、各軍總部，以迄各部隊，推出很多所謂的精進措施，個人也奉命撰寫一篇相關的論文。但根據我的觀察，當時各部隊「精進士官制度」，為士官督導長設立獨立的生活與工作空間等作法，只是做做樣子、皮毛的形式化措施，並沒有直指問題的核心。我想：要建立健全的士官制度，讓軍士官分流，各司其職，必須先找到士官的專業定位，並建立自信，在生活與工作上，都可以平視軍官，而不是見了軍官就自覺矮人一截。

我想：要建立士官的專業自信，應該從養成教育開始著手。證照、實作的專業能力，是自信的底氣，而對身為士官的自豪感與榮譽感，則係自信的根源。以當年最熱門的好萊塢電影《怒海潛將》為例，美軍一位潛水專業士官長（教練兼測驗官），可以憑著專業，堅持軍士官各有職權，力抗歧視有色人種的將級主官，將合格證書頒予測驗合格的黑人潛水員，即使最後被迫調職也不易其志，這就是專業能力與自豪感所建立的道德勇氣與自信。

　　現在，預校學生因各種原因轉學本校（不管其原因為何），容易造成一種士校不如預校、軍官當不成才來幹士官，士官明顯低於軍官的印象，對於建立士官的專業地位與榮譽心，提升士校官師生的自信和自豪感，明顯會有著負面的效應。況且，自士校改制綜合高中後，招生人數暴增，以預校轉學生彌補士校招生不足的作用，顯然已不復存在。權衡利弊得失，我向國防部軍教處反映，希望停止招收預校轉學生的意見。預校難以接受此一建議，可以充分理解，國防部業管單位也頗猶豫，認為茲事體大，必須從長計議，直到我離職後，該案仍在研議中，並無下文。現在，時空條件變遷，士校已經升格為專科，而少子化的浪潮襲來，士校的招生再度遭遇重大困難，原先是否接納預校轉學生的問題，應該也隨之迎刃而解了吧！但建立士官地位與自信的努力，是否有進展？思之憮然。

☆四十四週年校慶，筆者與現職士官傑出校友合影。

6-5 重建：校園整建工程，建構百年大業的滄桑

本校的前身，是陸軍第一士官學校，創建於民國 46 年（1957），嗣後因應國軍體制與各階段精簡案的規劃執行，陸續納編高雄鳳山的第二士官學校和金門的第三士官學校，於民國 75 年（1986）正式更名為「陸軍士官學校」。後來又陸續併入通校、化校與後校等戰鬥支援、後勤技職類士官班隊，改制為綜合高中，民國 89 年（2000）10 月 1 日更名為「國立陸軍高級中學」。為了提升士官的素質，又於民國 94 年（2005）8 月 1 日升格為「陸軍專科學校」。

☆校園整建工程－空照圖。

學校的校址，原僅限於桃園中壢龍岡的龍關營區，位置在中壢、平鎮和八德三個行政區的交界處，鄰近大溪鎮。當年學校週遭尚未發展起來，四周有公墓、農田和中壢台地常見的埤塘，位置非常偏僻。早年的校舍，也因為經費所限，與一般部隊營舍概同，大多是簡陋的瓦頂平房建築，學生寢室是大通鋪。有資深的老師回憶：當年曾有家長帶著被錄取的子弟來校報到，見到校園的風貌，直覺認為這裡不像是所學校，更像是部隊或訓練中心，在校門口就打退堂鼓，帶著孩子走人。在後續的時間裡，雖然歷經各任校長努力爭取經費，各項教學和生活設施設備逐步改善，但建築新舊雜陳、平房與兩層樓制式兵舍錯落的校園風貌，仍然不完全像一座現代化的學府，對於招生非常的不利。嗣經

長時間持續不懈的奮鬥，所爭取到的預算，仍然不足以改善狀況不佳的軟、硬體條件，士官教育受重視的程度，依舊遠遠不如各軍官學校或中正預校。

　　後來，士官在部隊的功能和地位逐漸受到重視，其養成與進修、深造教育，也開始引起各階層長官的注意，特別是隨軍來臺的資深士官，離退殆盡，基層部隊士官缺員的問題每下愈況，更凸顯士校因軟、硬體條件不足，以致招生困難的窘境。因此，在民國80年（1991）遂有遷校重建之議，學校的新址，初步勘定為臺中縣的坪林營區（註：該營區斯時為新兵訓練基地），理由為何，有待查證。

☆第九任教育長高喜沛向當時的陸軍副總司令湯曜明中將簡報士校整建案。

　　當時，恰當第十八任校長張鑄勳將軍（任期：1991年9月1日至1993年9月30日）履新。張校長是一位學識淵博、視野廣闊、眼光深邃的儒將，深知士官是基層部隊穩固的基石，而合併後的士官學校，是唯一培訓三軍地面部隊士官的搖籃，其重要性絕不遜於三軍軍官學校。他指出：「建校案對士官素質影響深遠，建校理念必須思考未來陸軍的領導士官，應該具備何等學能方可勝任，以教育需求策劃學制，做為設計軟硬體建設的主要依據。校址選擇並需考量學校未來發展、部隊精簡趨勢、各項教學設施配置、校園空間大小及周邊環境等因素，綜合評估再做決定。」於是，他親率重要幹部迭次前往臺中預定的校地現勘，認為在現地重建比遷校坪林更具優勢。所持的理由：本校學生一律住校，除教學需求外，還需包括生活設施及各種活動場所，校園面積要比民間學校廣闊方可滿足。而坪林營區面積較小，發展空間受限，位置亦稍嫌偏遠。如果改在中壢現地重建，且把相鄰的第六軍團九一兵工群的

建國營區併入校地,則校園空間暨周邊環境比坪林營區更為合適。況且,士校直屬陸軍總部,學校就在近鄰,平時的指揮掌握、協調聯繫更為方便。經逐級提報呈核,正式核定:士校的重建案,由原本的龍關營區整併建國營區,於現地重建。(註:摘自張鑄勳校長所撰:〈改變,打造士校新視野〉,謝鳳珠主編:《勇士薈萃,飛躍六一》,頁 12)

☆第十八任校長張鑄勳將軍(左二),是力爭士校重建案的主力推手。

　　校園重建位置已經具有共識後,後續必須進行校園整體設計、軟硬體設施規劃、預算評估編列……等一系列龐大的工作,俾向國防部爭取立案,毋寧是更為艱難與複雜的挑戰。因應此一任務,學校組成專案小組,納編校內相關人員,積極展開各項籌備工作。惟民國 82 年(1993)10 月 1 日,張校長奉調陸軍總司令部作戰署署長,校園重建的重任交接予劉艾迪校長。同年十一月,士校的重建規劃案,將由國防部做最後的核定,關係士校往後數十年發展的重大時刻終於來到。

前瞻擘劃　永續發展

士校原地重建規劃案的核定，因涉及投資經費與學制改革等複雜因素，審查協調過程跌宕起伏，並不順利。根據張校長的回憶：「（民國）82年11月（國防部）副總長杜金榮上將組成專案小組蒞校召開（士校重建案）協調會，陸軍副總司令李建中將軍率總部相關人員出席，學校教育為作戰署業管範圍（註：後來業務重新劃分，改為人事署主管），個人隨同與會。建校預算約五十二億，投資額度相當龐大，爾後每年專科教育的維持費用亦甚可觀，各聯參代表均持保留態度，建校及提升為專科教育是否核可未必樂觀。個人忝為陸軍業管署的署長，在主席裁示前請求再次發言，表示國軍是否興辦士官教育係國防部的政策決定，如果要辦，希望辦好。部隊士兵即將普遍為高中以上程度，常備士官擔任領導幹部，並從中選優晉任上士、士官長，學歷以專科為宜。校舍更為國軍老舊營舍整修後再使用三十年（的建築），無論軟硬體建設，堪稱全臺最落後的高中學校，而辦教育為建軍備戰最廉價的投資，力陳學校重建、學制轉型的必要性。副總長當即裁示，同意按照學校規劃辦理，全案底定。於是學校改在現址重建，學制調整為三年高中的階段目標已經達成，向專科發展的大方向確立。學校的新建與轉型，在總司令陳上將（廷寵）政策指導與支持下完成規劃，國防部核定實施，陸軍士官教育邁向新的旅程碑。」（註：資料引自張校長所撰：〈改變，打造士校新視野〉一文）回顧張校長「舌戰各聯參」，爭取副總長杜上將暨國防部的鼎力支持的場景，其前瞻的眼光，廣闊的視野，以及「自反而縮，雖千萬人吾往矣」的膽識，讓人佩服。張校長自謙是秉持業管署署長的職責，挺身而出，力爭通過本案，其實更是基於對於士官教育重要性的認知，以及對母校的愛護與關心。至此，本校構建宏規大氣、現代化校園的美麗願景，邁出最關鍵性的一步，終將獲得實現。

　　但整體規劃投資預算的匡列與獲得通過，僅是校園整建的起手式，後續的整體設計、整地，招標、施工和驗收，是更複雜而繁重的工程。後續新校舍的的整建與規劃重任，落在劉艾迪校長身上（1993年10月1日至

1995年12月31日），萬事起頭難，何況是事涉萬端的整建案。幸運的是劉艾迪校長睿智堅韌，知人善任，在高喜沛暨宋炳剛兩位前後任優秀教育長的輔佐，以及學校相關幕僚同仁的共同努力下，竭智盡慮，克服困難，順利的展開。第一期的工程在劉北陵校長（1996年1月1日至1997年8月31日）任內開工，迄吳達澎校長任內（1997年9月1日至2000年7月31日）達到施工的高峰，他們克服層層的困難阻礙，逐步循序漸進執行，個人接任校長時，第一期的工程已經大致完成，正實施缺失的改善與複驗。（附：當年整建工程第一期的預算高達新臺幣三十六億元，施工在即，但預算卡在各聯參層層會辦，尤其是聯五（現在改稱戰規司）更是百般刁難，遲遲未能核定，經過人事次長室軍教處處長姚強將軍（陸軍軍官學校四十二期）、承辦參謀奚國華上校（陸軍軍官學校五十三期）以打帶跑的精神，全力奔走，終底於成，可見本校整建案歷經波折，來之不易，值得珍惜。）

☆第二十任校長劉北陵將軍啟動士校校園整建案第一期工程。　☆第十任教育長宋炳剛竭智盡力輔佐第十九任校長劉艾迪將軍完成校園整建工程規劃。

　　士校新建校園的整體設計，由建築界大老、中原大學講座教授仲澤還老師所領導的建築師事務所承攬。他對本校未來新校園的設計，秉持國防部暨陸軍總部的指導，以一個大學學府的格局來規劃，整體設計融入了軍校的嚴整肅穆和一般校園的人文氣息，規模宏偉，格局開闊，非常具有特色，仲老自信如果按其設計施工，如質如時如預算執行，順利完工，將來

可望角逐建築界最高榮譽的公共工程金質獎，他是抱著高度理想與熱誠來從事本校整建工程的規劃設計。

然而，施工的部分，係由某公家機關的勞務單位所承包，該單位經過政府組織的精簡、改造，僅剩營建管理（PCM）、仲介和監造等功能，本身並無各類專屬的工班，也就是未具實際執行營造的能力，土建、機電和空調等各項工程，也因為往昔慣常協力

☆士校校園整建工程，整體設計由仲澤還建築事務所承攬。

的榮民工程處，被瘦身閹割，工班零落分散，只能轉包予民間工程公司。且營建管理（PCM）方面的人力極為侷促，也僅派出一位工程師主其事，以一人管理數十億的龐大工程，顯然力有未逮，對整個工程的管理非常「掉漆」，因此，施工效率和品質一直潛存重大問題。且國防部業管單位未編成強而有力的專案小組，執行本案的監督、管制工作，必須學校自立自強。（註：在重大工程專案中，通常會甄選具有工程方面專長、品德良好的官士兵或聘僱人員，以任務編組方式，組成專案小組，以業主身分，專責督導PCM、工程監造，以及營建廠商的施工，嚴密管制，瞭解渠等是否如期、如質，按預算進度執行。這一專案小組人員，於工程完成驗收、移交使用單位後，即依令解散，並非兼職性質。譬如：國防大學由大直遷徙至桃園八德志航基地舊址，其校區新建案「率真分案」即由國防大學納編吳行賢（陸軍官校四十八期工兵科，嗣由邴建辰（陸軍官校五十一期工兵科）接任）、王錚（陸軍官校五十一期工兵科），以及專職工程官、監察官等人編成專案小組，以業主身分，定期召開工程檢討會，督導監管整個工程的進行。空軍司令部遷建的「忠勇分案」和國防部大直新址整建的「博愛分案」，也都編有專案小組職司其事。）

前校長吳將軍非常重視校園整建工程的施作，對施工規劃圖及選用材料看得非常仔細，自各項細部工程設計提報，審圖至施工進度都不敢稍有鬆懈。但眼見工程進度與品質距離要求標準相去甚遠，甚至存在諸多重大瑕疵，某勞務中心的 PCM 又不給力，認為求人不如求己，乃投注心力，嚴格把關，他希望舉全校之力，動員納編校內具有專長的軍士官和老師，擔負起業主監督、管制的職能（註：在本工程中，業主是負責發包並督導完成工程的部門，士校是工程完工後的使用單位，二者其實並不完全相同），並責成各科組老師要負責本身廠館、專業教室的監工。無奈官士暨老師各有本職工作，加以大部分人並無建築工程的專業知識與經驗，雖然竭盡所能發掘工程所產生的問題，要求及時改進，然而，所能發揮的功效仍難達成預期的目標。

☆吳達澎校長向總司令陳鎮湘上將提報工程進度。

☆陸軍副總司令鄧祖琳中將視導本校校園整建工程。

前瞻擘劃　永續發展

　　我到任交接時，吳校長非常詳實交代校園整建的問題，叮囑要持續關注。嗣後，個人仍經常接獲新校區漏水等大大小小問題的報告。譬如：美術科吳佳蓉老師回報：新建的美術專業教室，外面下小雨，裡面下大雨（滙集滲漏），必須用水桶去接水，某次，雨勢稍大，居然將先前塞入裂縫堵漏的樹脂灌注劑沖刷出來，讓人傻眼。類似工程品質不佳的後遺症，接連不斷，一直是本校非常頭疼的問題。原本對工程設計信心滿滿的仲澤還老師，見此施工品質，大失所望，欲申請工程金質獎的雄心，就此絕口不提。

國防部業管單位（軍備局），也因工期延宕、施工品質不佳、物調款比率和工程款給付等問題，與承包工程的勞務中心進行了冗長的訴訟，歷經多任校長仍未落幕。（據悉：該勞務中心不久後因績效不彰，且頻頻出問題而被裁撤）

☆筆者主持校園整建工程行政大樓暨學生營舍工程開工典禮。

我到任時，新建案工程第一期已投入三十餘億元，完成先期的雜項工程、士官長正規班大樓、三棟教學大樓、一棟學生宿舍大樓（含地下餐廳）、七大技職專業科別的實習廠館、階梯教室，以及國文、英文、物理、化學、工藝、美術等專業教室工程。後續整建的工程進度是：行政大樓開工，學指部大樓和另一棟學生宿舍大樓、龍關營區部分整地、排水系統（滯洪弛）以及四周圍牆構築等工程的施工準備；還有資圖中心、中正堂、體育館等規劃設計的提報、審查。91年（2002）3月初，個人調職，對於後續工程的執行進度不是很瞭解，但因偶有機會返校，知道相關工程因為招標方式與廠商施工能力問題，輒有爭議，甚至因低價搶標，或因建築材料物價暴漲，物調

款難以彌補損失，承包商不堪虧損而倒閉跑路，工程為之長期停擺，造成中正堂、體育館兩棟建築和鐘樓成為爛尾樓。被拋棄的工地，聳立校園中心，嚴重破壞學校景觀，但因與承攬統包的勞務中心，乃至分（轉）包廠商的官司和清算糾葛，難以釐清，加以後續預算又沒有著落，使這兩棟場館恢復施工的問題，長時間懸而未決，難以處理，造成學校非常大的困擾。當時個人任職於國防大學和步兵學校，持續關心卻愛莫能助。

民國 95 年（2006）12 月 1 日，個人調任國防部人事參謀次長，督導主管軍事教育的人培處，業務相關，一直思考如何處理此一棘手問題。時至民國 96 年（2007）底，終於迎來問題解決的希望。斯時，我由人次室調任國防部的常務次長，負責督導整合軍備等業務，惦記著已經升格為陸軍專科學校的兩棟爛尾樓如何處理，乃召集業管工程的軍備局和主管軍教的人力司人培處，研究如何協助陸軍和學校儘快把困擾多年的問題工程，找到解決方案。經個人帶著軍備局工程營產處處長蔡振義（陸軍官校五十一期）暨工營中心主任邴建辰（陸軍官校 五十一 期）等兩位將軍，會同時任專校校長的潘家宇將軍（陸軍官校 四十七 期）與相關主管，到現場勘察工地，研商對策。

現勘時，在工地看見到處堆置、不堪長時間風吹日曬雨淋的鋁門窗、鋼筋、磚石等建材，鏽跡斑斑、雜亂破損，幾乎與廢料無異，以及裸露在外、嚴重銹蝕的鋼構，滲水的內、外牆，三座未完成的建築物（含鐘樓）形同廢墟，見此情況，個人內心無比沉重。會勘後共同研議：就原有剩餘的預算，絕對不足以解決當前的困局。釜底抽薪的解決之道，唯有追加預算，才能做後續的處理。我請軍備局工營處與工營中心協助解決有關工程清算等後續問題的規劃與處理（包括與原有廠商的工程爭議、工材鑑定清算的處理，以及重啟工程的招標、工序，後續的監管……等等），並向人力司業管單位（人培處，當時已回歸建制的人力司督導）與主計局查詢可以動用的預算，

獲知人力司有一筆數千萬餘元的標餘款，符合科子目需求。立即上報部長陳肇敏先生、副部長趙世璋上將（陸軍官校四十期，由陸軍司令調任本職），並親自致電協調人力司司長趙克達將軍（陸軍官校四十六期，由花東防衛指揮部指揮官調任本職），尋求支持。趙副部長、趙司長，位置關鍵，且都剛從陸軍調來，非常瞭解陸專存在的工程問題，不勞費力說明即允予協助，加上陳部長曾任空軍官校校長，是軍教界的老兵，非常瞭解教育的重要性，始終給予大力支持。

　　本案的順利解決，是所有相關單位同心協力、共同努力的成果。但也歸功天時地利人和的配合。當時，在決策長官方面，上有部長陳先生、陸軍老長官趙世璋上將的支持，人力司司長趙克達中將鼎力支援預算，並承主計局局長王吉麟中將、副局長王明芳將軍協助，加速預算調撥的作業；在工程執行單位方面，當時軍備局業管單位各級主管，都是出身陸軍、充分瞭解士校工程停頓癥結所在的資深工兵幹部：工程營產處處長蔡振義將軍、工營中心主任邴建辰將軍，以及相關承辦參謀，在高司聯參、有官司爭議的承商之間奔波、折衝，排除各種工程的疑難雜症，給予專業意見。陸軍司令楊天嘯上將（陸軍官校四十一期）極為重視，責令司令部工兵處處長楊全富將軍（陸軍官校五十期）暨各參，以及專校校長潘家宇將軍與繼任校長劉必棟將軍率相關業管人員，全力配合，積極投入。在目標一致、上下同心的狀況下，終使本校兩棟形成沉痾的爛尾樓，衝破重重難關，得以重生。

　　此外，本案在處理過程中，發現前一手承包商偷工減料，覆頂鋼構的焊接工程，為了節省成本，一支長達數公尺的沉重鋼構，竟然僅做簡單的三點點焊，黏接強度嚴重不足，倘若直接澆灌混凝土，後續勢將難以支撐其重量，極可能造成坍塌，嚴重危及官師生兵的安全。此外，因為工程長時間中輟，鋼構經過風吹雨打，已經嚴重鏽蝕，必須除鏽，以免影響其與混凝土的黏結強度。面對鋼構此一危安狀況，經過安檢與呈報，又追加了

一千餘萬元經費，徹底銑洗除銹，並執行屋頂鋼構全線緊密焊接。瞭解此案實況，讓我們汗流浹背，雖有遺憾，也覺慶幸：如果該兩棟建築由原廠商草率完工，給學校埋下隱患，未來可能造成的傷害與後遺症很難估計。民國72年（1983）臺中豐原高商天花板倒塌，造成師生重大傷亡（二十六位死亡，八十六位輕重傷），教育廳長黃昆輝請辭負責的案例不遠，想想後果，令人不寒而慄。所幸招商重建，得以彌補先前的嚴重缺陷，化解危機，這也算是不幸中的大幸吧。

學校的室內體育館、中正堂和鐘樓的續建，在各階層幹部的共同合作、全力推動下，雖然預算不斷追加（概為六億元，詳細數目有待確認），但在國防部暨陸軍司令部全力支持下，終於圓滿完工，使士校的校園整建案，劃下雖不完美但可接受的句點。整建完成後的校園景觀，宏偉、優美兼而有之，傲視全國，完全翻轉了往昔外界對士校的印象。後來，全國性的「軍、警、消、海巡游泳比賽」、陸軍全軍性或諸多校際的運動賽事，甚至世大運的某項比賽，都選擇在本校舉行，實著眼於本校宏偉而新穎的運動場館，以及周全的運動設施與器材。「軍、警、消、海巡游泳比賽」，由馬總統親臨主持開幕儀式。個人時任陸軍副司令，曾多次返校預檢或於正式比賽時，在場督導陸軍代表隊參賽，深深感覺到當年所投注的心血，非常值得。

陸軍專科學校能擁有目前宏偉、美麗的校園，是很多人共同努力的結果，徜徉其中，莫忘飲水思源，感謝所有為這座校園貢獻過力量的人。此案唯一的遺憾，是重型機械實習工廠的廠房已經落成多年，但廠房內的大型天車一直付之闕如，原因在於採購所需的數百萬元預算，迭因其他優先項目的排擠，在國防部或陸軍司令部被刪除，個人任職陸軍司令部時，極力為該項投資案說項，惜乎到國防部聯合審查時又遭剔除，功敗垂成，令人徒呼負負。時隔十餘年，不知母校的重機天車是否已到位？（註：去年（2024）8月10日參加常六十三期同學會，曾向同來參加盛會的工機科老師探詢，得

知大型天車仍未到位，實有憾焉！期望後進的校長們能持續爭取，使教學設備更加完善。

☆室內體育館續建案順利完成。

☆重新招商整修完工中正堂。

輯七

溫馨龍岡，永誌不忘

☆筆者與郭亨政將軍交接陸高印信，安家鈺副總司令監交。

☆全校集合～接受頒獎的官師士生兵向校長敬禮。

7-1 校友：與學校關係密切的校友會

　　本校的前身為陸軍第一、二、三士校，以及後來裁併的各兵科技勤基礎教育班隊。在士校方面，養成教育有有常士班、預士班、專業士官和領導士官班等班隊，深造（進修）班隊則有士官長正規班和士官英儲班等班隊。畢業（結訓）成員龐雜，人數眾多，服役役期長短不一。畢業校友分散三軍各部隊，都是基層穩定的骨幹。在役者，努力向上，晉升至士官最高職等者（營、旅、軍團，各兵科學校士官督導長，陸軍司令部、國防部總士官長……等），比比皆是，轉任軍官晉升至將領者，更是不乏其人，譬如余連發上將、林國棟中將、陳再福中將、徐武賢將軍、廖使賢將軍、郭亨政校長、劉必棟校長等，皆係本校校友。而退伍後解甲歸田，在社會各行各業，大多能敬業樂群，有所成就。其中有大學教授、名演講家、學校校長（如：張錦貴、顏國明、林吉郎、黃旒濤、阮清茂、傅仁坤、曾侖）、文學家（蘇進強，曾任中華文化復興運動總會祕書長、政黨「台灣團結聯盟」主席，《臺灣時報》總主筆）、醫師（如：許耕榕、林文雄）、律師（如：游連國）、高階文官（如：前檢察總長陳聰明、前監察委員浦忠成、前中和市副市長劉聰助）、社團負責人（如：前蒙藏協會理事長海中天、陳俊生、彭德林、吳盛龍、徐傳祿），甚至國會議員（如：魯明哲）縣市議員（如：呂於台、王國代），大師級宗教家（如：靈鷲山無生道場開山大師楊進生，法號：心道法師），藝術家（如：陳木泉陶藝大師、音樂推廣師鍾育恆），還有許許多多創業有成的企業家（如：海中天、陳俊生、黃光輝，常六十三期林子強在高雄創立禮儀公司等等）。他們都能秉持母校師長當年的教誨，敬業樂群，回饋社會，是國家社會穩固的中堅力量。

☆筆者履新後，即赴新竹拜會士校校友會理事長呂於台先生。

☆筆者出席校友會會員代表大會，向畢業學長們致意並請益。

　　本校大多數校友都對母校都懷有深厚的感情，感恩師長所給予的教育，懷念母校的一草一木。他們於民國 79 年（1990）就組成校友會，與學校一直維持密切的連繫，熱心參與士校各項重要活動，給予學校和學弟妹諸多鼓勵和照顧。校友會成立時正式的名稱為「陸軍士官學校校友會」（隨著學校升格，已經更名為「陸軍專科學校校友總會」），第一任會長是常三期的海中天學長，嗣後交予游連國學長（常三期）、李宗昌學長（常三期）、陳俊生學長（常三期）、呂於台學長（常六期）。我任職校長時的會長即是呂學長，他在本校畢業後因成績名列前茅，保送陸軍官校正期四十三期，退伍後參政，時任新竹市議員，他的副手（兼總幹事）係常九期的彭德林學長，重要的幹部有家住苑裡鎮的吳盛龍學長、新竹分會會長徐傳祿學長，以及執行秘書涂芳秀（現已更名涂仟又）。他們都很熱忱，與學校有密切的互動，譬如：贊助各項社團活動經費、協助鼓號樂隊的訓練與表演；傑出校友應邀返校作專題演講，分享人生奮鬥歷程，給後期的學弟妹們加油打氣，我在校長任內，即曾邀請張錦貴教授返校演講，他用很多小故事和俚語串聯演講的主題，全程妙語如珠，絕無冷場，不愧是知名演講家。此外，校友會成立有「仁美基金會」，我記得當年的董事長是第一士校的老校長常持琇將軍（1920 －

2010），執行長是游連國律師，他們會在每年校慶暨畢業典禮時，回學校頒獎學金給成績優異的各期學弟，以及表現突出、為校爭光的學生社團（如鼓號樂隊、輕艇隊、水球隊和拔河隊等等）。另外，校友會也熱心參與母校的重大活動，如每年新生的懇親會、校區開放、校慶園遊會，都有諸多校友的身影。當年，因地利之便，桃園縣校友分會的會長王力行學長（現已更名王立帆）和他的夫人程齡齡女士，經常給學校很多及時而實際的協助，個人暨校部承辦單位都非常感激。

我在離開士校後，仍然與校友會保持著密切的連繫與互動，他們經常邀請我參與校友會的活動，在團體活動的場合見到校友會的學長們，都備感親切。校友會隨著母校的改制或升格，也漸次調整名稱與組織型態，參加的校友日愈增加，組織也越來越擴大。目前校友總會在理事長黃光輝學長的領導下，充分發揮親愛精誠校訓，除了凝聚各地校友分會的團結向心、慰助關懷會員，著力於輔導校友就業、關心榮民、榮眷的權益外，仍然關心母校的發展與成長，他們是士校永續發展最強有力的支持力量。

☆上圖為總司令陳上將在本校更名揭牌儀式後，與校友會代表合影，總司令右手邊即為王力行會長暨夫人程齡齡，下圖為校友會呂於台會長暨重要幹部出席常六十一期畢業茶會。

龍岡憶舊：從士校到陸專的蛻變

7-2 眷村：富台新村與士官學校

綜觀全世界的社會變遷歷史，「眷村」是中華民國臺灣地區獨一無二的產物。它源自於民國 38 年（1949）國共內戰，轉進來臺的國軍部隊概有六十萬，隨之而來或陸續經由其他管道來臺的眷屬約十五萬人，為了安頓這些眷屬，賦予日常基本生活條件，政府將他們集合群聚在一個地方，住在由國防部構建或中華婦女反共聯合會（簡稱婦聯會）捐建（註：婦聯會協助建立了一百七十六個眷村，約佔眷村總數的五分之一）的軍眷宿舍，俾利管理和照顧。因為各地眷村數量龐大（註：按照國防部史政編譯室所編《國軍眷村發展史》表列有 八百八十六個各類型的大大小小的眷村），乃責成鄰近的三軍單位負責輔導支援。本校旁邊有三個眷村，龍關校區大門北側的富台新村，是一般眷村，由本校列管輔導；西側門外的慈光十村與慈仁四村，則是職務官舍和特種職務官舍，分由陸軍第六軍團司令部與聯勤司令部列管，非屬本校支援範圍。富台新村與本校龍關校區僅一牆之隔，且係我們唯一列管支援的眷村，彼此關係非常密切，受到歷任校長、教育長與政戰主任的重視。

富台新村屬於最早期竹籬笆眷村階段的產物，興建於民國 42 年（1953）11 月 1 日，係磚造瓦頂與簡陋材料所建的平房，由陸軍總部鳩工庀材所建，用以安置同年六月由越南富國島撤回臺灣的部分軍人眷屬。一共興建了九十五間眷舍，卻擠進了一百七十七戶（註：富台新村分為大、小富台，大富台一百二十戶，小富台五十七戶），據資深眷戶回憶，當初每戶分配的房子，都僅有三點八坪大小，三坪是客廳、餐廳、書房和臥室，零點八坪是鐵皮加蓋的廚房，使用公共廁所。後來因為家庭成員增加，各眷戶利用四周空地自行加蓋，或向上發展，形成我當年所見的風貌，房舍低矮、巷道狹窄，

相當狹隘而侷促。但眷戶都是曾經落難異域的老袍澤、相處幾十年的老鄰居，村子和諧而平安，除了颱風、淹水，需要士校施以援手，幫忙處理樹木傾倒、瓦片脫落、水溝堵塞等瑣事，偶爾派弟兄或學生協助環境整潔工作，年節辦理慰問，送送小禮物，倒也沒有什麼大事需要麻煩到士校。

富台新村的眷戶，歷經戰亂和富國島異族的壓迫，因此安貧樂道、不攀不比。在我任期內留在村子裡的大多是高齡的老前輩或眷屬，年輕人都外出工作了。但是因為眷戶非常重視子女的教育，有相當比例箕裘相繼，投身軍旅，或進入軍隊工作。從軍躋身上校（含）以上階級者甚多；沒有從軍者，也都能在各行各業嶄露頭角。其中較為人們所熟知者，計有前警總副參謀長、企業家張大鈞將軍（陸軍官校三十七期），前陸軍副司令黃海彬中將（陸軍官校四十二期）、臺北市市議員秦慧珠小姐等人。至於富台新村有多少二代、三代就讀軍校，我倒是沒有刻意去調查研究過。

☆大學剛畢業的秦慧珠議員於眷村留影（資料來源：秦議員臉書）。

富台新村的自治會長紀敦明先生，是我們非常敬重的長輩。他是湖北武漢市人，個性爽朗、古道熱腸，待人極為親切熱忱，很受眷村村民的敬重與信賴。

☆筆者在政戰主任黃慶靈上校陪同下，赴眷村拜訪紀敦明會長。

☆富台新村自治會會長紀敦明伉儷與子女在眷舍合影。（資料來源：黃秋菊女士）

紀伯伯與先父章歲公同庚（民國 13 年生），抗戰時少年（約十七歲）從軍，跟隨部隊打過抗日戰爭與國共內戰。民國 38 年（1949），跟著部隊到湖南，隨著轉進到廣西南寧，本擬移防海南島，不意海南島很快就被共軍攻陷了，乃奉命移師轉進至越南富國島，度過三年多寄人籬下、飽受異族欺凌的異域生活。民國 43 年（1954）6 月，由政府接回臺灣，一直在警備總部的警備總隊、海防部隊、師團管區和機場、港口安檢等單位任職。民國 63 年（1974）10 月以中校階退伍。他與夫人共育有三男二女，家庭和樂，子女皆有所成，給一生顛沛流離的紀伯伯極大的安慰。

　　紀伯伯在眷村改建後，遷到內壢新建的精忠新村，其時我調到南部服務，嗣轉國防部等單位任職，逐漸失去連絡。不意在近二十年後，我退伍到銘傳大學應用中文研究所兼課，在職碩士專班的同學中，居然有一位紀伯伯的次媳：黃秋菊女士（任職桃園後備指揮部，勤勞儉樸，積極進取，目前一邊工作一邊攻讀應中所博士學位，讓人佩服），得知紀伯伯年近期頤仍健在的消息，非常開心。人海茫茫，居然有此機緣，實屬不易。（註：紀伯伯已經在前年（民國 112 年）12 月 29 日以百歲高齡離世，前半生顛沛流離，後半生子孝孫賢，安享晚年，老人家幸福而安慰）。

　　紀伯伯與士校歷任的校長、教育長、政戰主任都很熟，彼此感情都不錯。他八十歲生日時，老校長吳達澎將軍（時任國防部人力司司長）、前政戰主任謝定成上校（時任八軍團政戰部副主任），都應邀到場祝賀，當時我已經調任國防大學教育長，也與仍然在校的張寶輝主任連袂前往拜壽，場面非常熱絡。我調職後兩年，民國 93 年（2004）6 月，富台新村眷戶集體遷徙到內壢新建的精忠新村，該眷村正式走入歷史。眷戶遷走後，據悉該村舊屋空置多年未處理，巡管和安全措施也不到位，經常有遊民逗留，且曾發生多起火災，因為近在咫尺，狀況不斷，士校也頗為頭疼。所幸後來舊眷舍拆除，土地標售重新開發營建，蓋有一片兩層樓的透天厝公寓，已經呈現完全不同的風貌，且士官學校大門也由朝西的中山東路，改為朝北的環市道路：龍東路。學校外圍的景觀風貌產生巨大變化，滄海桑田，令人感慨。

7-3 愛心：國際單親兒童文教基金會參訪

☆「國際單親兒童文教基金會」理事長黃越綏女士率領單親兒童暨家長蒞校參訪，筆者親自接待。

民國 90 年（2001）的某一天，學校來了一批非常特殊的訪客，人數概有百來人吧！（時間久遠，已不復記憶，大約三、四輛遊覽車）這個特別的參訪團，是由時任總統府國策顧問的「國際單親兒童文教基金會」理事長黃越綏女士領隊，帶著一群由爸爸或媽媽陪同的單親兒童，慕名到本校參觀訪問。

該基金會成立於民國 84 年（1995），創會會長就是黃女士。創立的宗旨是：「針對單親形成因素、背景及城鄉環境差異的綜合研究，希望藉國際交流與本國需要，提供與日俱增的單親家庭身心等各方面的實質協助及諮詢管道。」淺白的說，就是幫忙單親家庭、單親兒童的公益團體。光憑基金會成立的宗旨和協助的對象，就讓我們對他們充滿敬意。士校學生

☆筆者主持國際單親兒童文教基金會蒞校參訪觀賞鼓號樂隊表演。

來源有相當大比率,來自於弱勢家庭或族群,其中當然包含單親家庭的孩子們。惺惺相惜,接待的方式與熱忱,當然也特別的不一樣。

我親自為他們做了簡報,強調軍校是清寒家庭、弱勢族群子弟,依靠國家力量翻轉人生的優選途徑,歡迎這些單親的孩子們到本校就讀。我們所安排的參觀行程,計有建國校區常六十四期的學生宿舍、新搬的臨時圖書館、各專業教室和各工科的實習工廠,參訪團的家長暨孩子們,對學校優良、新穎的設施設備,以及優美的學習和生活環境,都留下良好而深刻的印象,讚不絕口。

中午,訪問團在學二營(建國校區)的餐廳,與本校的官師生會餐。餐前黃理事長致贈本校加菜金,我撕下紅包袋一角,代表學校已領受他們的好意,而把現款退還給基金會。我特別向黃理事長報告:基金會是公益團體,靠善心人士與有愛心的企業捐款維持運作,來之不易,本校支持惟恐不及,豈能收他們的加菜金?!吃飯時,我們的學生熱誠接待,孩子們對餐廳的大鍋飯感到新奇,整個餐廳的氣氛非常熱絡。共餐時,黃理事長非常健談、幽默,妙語如珠,話題葷素不忌,輒引自己的糗事,自我調侃,

溫馨龍岡 永誌不忘

自娛娛人，整個餐桌笑聲不斷，不愧是國內知名的作家、社會運動者、演說家和名主持人，讓我們留下深刻的印象。

　　黃越綏女士有一段非常特殊的背景，促成她成立這個基金會。她出生於臺南新營，是臺南的世家子弟，哥哥黃越欽是有名的法律學者、曾任監察委員、大法官。黃女士畢業於銘傳女子商業專科學校（現在已升格為綜合大學）。丈夫是菲律賓的華商，她婚後隨夫定居菲律賓，先後取得三個碩士學位，並遠赴美國進修。民國75年（1986），丈夫遭歹徒綁架殺害後，她傷心欲絕，乃搬回臺灣，獨力撫養三名稚齡的子女，從事婚姻心理諮商與寫作。在民國84年（1995）8月成立「國際單親兒童文教基金會」，幫助與她有同樣不幸遭遇的人們，她個性坦率，以敢言、能言著稱。她在政治立場傾向強調「臺灣主體性」的獨派，但性格耿直，輒對時政直言不諱，迥異於一般政客，相較時下很多滿嘴「跑火車」、唯利是圖，為人處事毫無道德底線的藍綠政客，我更欣賞她的特立獨行，有著自己的信念與堅持。

☆國際單親兒童文教基金會蒞校參觀圖書館。

7-4 助力：記幾位協助學校的民意代表

　　個人任職士校校長期間，正值學校的轉型期，尤其是校園整建工程，有諸多事宜都需協調桃園縣政府或中壢市公所，假如有民意代表從旁協助、關切，效率會快許多，部分的窒礙因素，透過他們居中折衝，也比較容易解決。當年有幾位民意代表，都與國軍有很深的淵源，對學校非常友善，支持本校校務的推動，積極參與學校的各種活動，讓全校官師生兵皆甚感動，個人感懷迄今。

☆桃園市議員蔣中千先生
（資料來源：維基百科）

　　第一位是蔣中千議員。蔣議員是外省第二代，祖籍貴州。是陸軍官校三十八期畢業，中校退伍後轉戰政壇，大本營就是中壢龍岡。他的身影經常出現在士校，學校跟地方政府相關的公共事務，都會拜託他幫忙居中協調。他耿直率真，謙虛低調而講義氣。經營選區一步一腳印，全靠服務口碑，是一位全職專業議員，他不包工程，也不經營企業，他的名言是：「不投機，不取巧，不營私，不牟利」，更讓我們敬重。

☆桃園市議員舒翠玲女士（資料來源：舒議員臉書）。

　　其次是舒翠玲議員。她也是外省第二代、軍人子弟，畢業於士校附近的忠貞國小、龍岡國中，選區雖然在平鎮，但童年與少女時期活動的空間，應該是在士校附近。她的夫婿張先生也是軍人，軍人世家暨軍眷的身分，使她對學校的事務非常關心。去年（民國113年）6月12日，在桃園陸軍官校校友會提前辦理慶祝黃埔建軍暨創校百年的活動中，看見連任七屆桃園（縣）市議員，堪稱政壇長青樹的舒議員，亮麗、親切依舊，很是開心。

温馨龍岡 永誌不忘

☆桃園市議員謝彰文女士（資料來源：謝議員部落客）。

☆教師節藝文活動邀請舒翠玲及謝彰文議員點燭。

☆立法委員魯明哲先生（資料來源：魯立委臉書）。

龍岡憶舊：從士校到陸專的蛻變

再者，是謝彰文議員。她也是出身平鎮眷村的外省第二代。身材稍為豐腴，但滿臉笑容，誠懇而充滿親和力，對士校拜託的事，都從未推辭。她畢業於臺灣師範大學英語系，是內人王素真老師的學妹。（內人是臺師大社教系六六級，謝議員是臺師大英語系 六九級）彼此在校慶活動中碰面，頗感親近。（謝議員本是桃園縣、市議會最資深的議員，民國107年爭取九連霸，不料因為國民黨內部配票出問題，導致公認最穩的謝議員，居然以區區四十一票落選，讓人扼腕）。

在我任內，另一位與學校連繫最密切，對士校支持不遺餘力的民意代表是魯明哲先生（眷村的長輩都親切暱稱他的綽號：「魯蛋」）。魯先生是中壢市的市民代表，家住本校附近，因為他經常在附近眷村和士校校園進出，拜託他的事，幾乎是有求必應，立即處理，所以我一直誤以為他是我們所在那個里的里長（1998年當選市民代表），但士校周邊的眷村和社區是他的選區，應該是沒有錯的。

魯明哲先生是外省第二代，也是軍人子弟，出生於臺北市大直的圓山二村。據說他跟本校淵源頗深，會留在中壢從政、從基層紮根，也與本校有關（曾在本校受專業士官班訓）。他的尊翁魯鳳三先生是「八二三砲戰」的國軍戰鬥英雄，傳奇故事永載史冊。（註：魯鳳三先生在「八二三砲戰」時是砲兵六九二營（自強部隊）中校營長，駐防金東鵲山陣地，在砲戰初始，共軍砲擊截斷所有砲陣地與防衛部等上級的通信連繫，戰情緊急，魯

鳳三先生在未接獲上級指令之狀況下，指揮所屬美製 155 加農砲二十門，率先對敵實施反擊，全金門砲兵一呼百應，全面反擊，制壓敵軍，是翻轉戰局的重要關鍵因素之一，其故事記載在國軍戰史。魯鳳三先生以上校階退伍，於民國 103 年（2014）在臺北病逝）。

魯明哲先生府上離學校很近，步行即至，他年輕勤快，服務熱忱，本校有很多事都麻煩他。我離開士校後，他憑著厚實的服務口碑，一路由市民代表、縣議員、中壢市長、升格後的桃園市議員，現在更是二連任的立法委員，誠屬不易，未來應該有機會問鼎桃園市市長的寶座，個人寄予無限的祝福。去年（民國 113 年）6 月 12 日，他出席桃園陸軍官校校友會「慶祝黃埔創校暨建軍百年的活動」，久別重逢，他依稀記得當年的情景。

此外，則是現任桃園市議員、電視節目名嘴的黃敬平先生。我在士校任職時，黃先生尚未從政，而是《蘋果日報》的記者。當年的《蘋果日報》風格走「腥膻色」路線，頭版頭條大多是報導悚動的社會新聞，軍方也有很多軍紀安全事件，被大肆炒作、擴大渲染報導，對軍人形象與國軍地位，造成很大傷害，因此，軍方各單位，對所謂「水果報」的記者，都敬鬼神而遠之。

然而，黃敬平先生也是外省第二代的眷村子弟，原就讀中正預校，嗣後因故轉學文化大學新聞系，對本校極為友善，學校的重大活動，尤其是特殊表現與優良事蹟，他都主動大幅報導，迥異於《蘋果日報》一般的操作風格。黃先生見到我和期別較高的幹部，都很尊敬稱呼學長而不名，讓我們很有感。我調國防大學後，因為服務單位還在桃園，見面機會仍多。而後，我調南部，只有在士校校慶或校方重大活動時，偶爾可以碰面。桃園縣升格為直轄市後，黃先生調整人生的軌道，朝政壇發展，連任三屆桃園市議員。此外，他口才便給、學養均豐，也是媒體談話性節目的名嘴，言論理性平和，很受敬重，希望他可以持續關照士官學校。

☆桃園市議員黃敬平先生（資料來源：黃議員臉書）。

溫馨龍岡　永誌不忘

7-5 結緣：龍岡的民間友人，廣結善緣

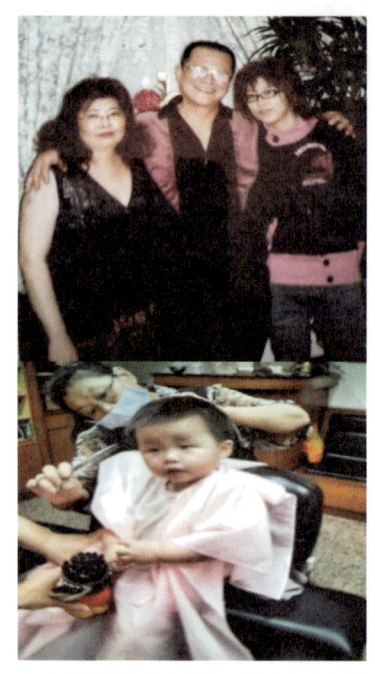

☆筆者民間友人簡慶瑞、陳貴伉儷與獨生女孟筑，下圖係陳貴女士耐心為小朋友剪頭髮（資料來源：簡慶瑞先生）。

☆上永理髮店在士校大池畔。

我在士校任職期間，除了回家或公出，大部分時間都住校，很少外出，即使下班或休假時間到街上，也不外在中山東路、龍東路和榮民南路一帶活動，最遠不超過中壢火車站。外出的原因多數是買文具、水果、日用品或理髮。

根據國軍《內務教則》，軍人每兩週理髮一次，身為校長，當然要以身作則，維持儀容整潔。為了避嫌，我定期理髮，都是去士校大池畔的「上永理髮店」，理髮時間通常是假日傍晚返校時，或留校下班後，避免利用上班時間，理髮時大多穿體育服，獨自一人走路穿越富台新村東側的巷道捷徑，幾分鐘就到了，很是方便。

「上永理髮店」小小的理髮店，只有老闆娘陳貴女士一位理髮師傅在理髮，她說傳統理髮工作非常辛苦，要長時間培訓，她是國中畢業就拜師學藝，但現在的年輕人都不願意學，連她自己的親友晚輩都避之惟恐不及。老闆娘常年戴著一付寬邊眼鏡，所以熟客都稱呼她的綽號「眼

鏡」而不名，我都稱她為「老闆娘」，後來大家都熟了，就稱呼她大嫂。老闆娘理髮不僅技術本位，而且非常細心而認真；她理髮的顧客都是熟客，一般都先電話預約，原因是她理一位客人的頭髮，從理髮、洗頭、修面到挖耳朵，全程要花費一個半小時，即使有再多人在排隊等候，她都堅持嚴謹的流程，不願為了多賺錢而敷衍了事，這種敬業精神，讓我非常佩服，也贏得所有顧客的敬重。附近眷村的長輩、士校很多老師和軍職幹部也習慣在她那裡理髮，甚至有老顧客搬到臺北、新竹，還是定期長途跋涉來理髮，足知其服務態度和手藝，的確受到肯定。是以，我認為任何人不論其身分地位和職業如何，只要為人正直善良、敬業樂群，有自己堅持的信念與原則，不為利益稍有動搖，都是值得尊敬的。

　　理髮店老闆娘的先生簡慶瑞先生，原是國軍桃園總醫院外包餐廳的主廚，後來因故辭職，在自家理髮店門口擺小食攤，販售自助餐和便當給附近的上班族或工人。簡先生個性質樸憨厚，待人和氣，臉上經常帶著微笑，他的話不多，與簡太太的爽朗健談，大不相同，但夫婦琴瑟和鳴，可以看得出感情甚篤。他們育有一位獨生女孟筑，就讀建教合作的職校，寧可到髮廊學習女子美容美髮，也不願意跟著媽媽學手藝，簡太太曾探詢我的意見，我告訴她：「兒孫自有兒孫福，只要規規矩矩做人，做什麼工作都好！就尊重令媛的選擇吧。」個人在士校辦學，充分認知對孩子的教育應適性教育，給予充分尊重，孩子做了充分考量，自行選擇未來的道路，無論未來的發展如何，彼此皆可無憾。

☆自助餐菜色簡單美味、價錢公道。　　☆簡慶瑞先生賣的雞肉絲飯清爽可口。

簡先生賣的自助餐、炒飯或炒麵，價錢公道，菜色雖然選擇性不多，但清爽可口，有大廚水準，頗受歡迎。我假日通常會提早返校，如果頭髮長了，就順道到上永理髮店報到，理髮兼用晚餐，一兼二顧，經濟實惠。（離校多年，偶爾有機會回學校，老友們挽留在圖書館午餐，他們都會貼心的去買上永自助餐的便當呢，足見其便當確實物美價廉）。此外，繼任的郭亨政校長經我介紹，也沿襲前例，同樣在上永理髮店理髮，假日提前返校，也習慣到上永理髮、吃晚餐，對簡先生伉儷的真誠與和善，也是感懷在心。

　　我離職後，任職的國防大學臨時校區，設在龍潭的武漢營區，與士校所在相去不遠，因此我還是維持回到中壢理髮的習慣，如果時間足夠，也順便吃個晚餐。我特別喜歡簡先生做的滷肉飯，他做的滷肉、肉燥，不是一般餐廳購買豬肉攤碎絞肉熬煮而成，而是買活體豬的新屠五花肉，用細膩的刀工，切成約半公分見方的肉丁，然後用獨特的佐料熬煮，淋在白米飯上，香味四溢，吃在嘴裡齒頰留香。他知道我喜歡他做的滷肉飯，三不五時便燉上一小鍋，通知我回家時順路去拿，我拿錢給他，他們夫妻倆都婉拒，盛情感人。

　　在校一年多時間，我和簡先生伉儷成為好朋友，離開士校，無論到國防大學、步兵學校，甚至到了國防部、中部軍團或陸軍司令部，我都與簡先生保持連繫，偶爾返回士校，也會轉過去坐坐。君子之交，彼此沒有任何利害關係，只是認同對方的真誠與善良。內人常戲稱他們是我在龍岡的民間友人一號，也的確是如此啊。（註：簡太太已經在去年（2024）10月10日病逝，享年六十三歲，讓人非常不捨與遺憾。）

7-6 揮別：告別龍岡，任期一年七個月戛然而止

☆筆者調任國防大學教育長返校參與校慶活動。

民國 91 年（2002）2 月底，我回到金門，拜訪家鄉的幾個國中，進行招生宣導，並且參加一位至親長輩的告別式。在途中，突然接獲陸軍總部人事署人三組組長嚴建邦上校（陸官四十九期，是我留校擔任學十七連排長時的學生）的電話通知：個人將於 3 月 1 日調任國防大學教育長，校長遺缺將由陸軍官校教育長郭亨政將軍（陸軍官校四十六期，與個人多次共事）繼任。接獲此一訊息，頓覺有如晴天霹靂，深感意外。記得湯部長不是說過：士校校長任期一任四年嗎？現在還未過半呢！個人雖覺失信於全校官師生（我在任職之初，於各種會議中迭次強調，要與大家共同奮鬥四年），且有諸多構想仍待努力實現，心中至感遺憾和不捨，但軍人以服從為天職，何況調職重回老長官陳鎮湘上將麾下，上級應該有其不得不然的考量因素吧。

☆筆者與總務處人事科文卷室同仁合照。　　☆筆者與總務處後勤科同仁合照。

　　因為調職的時間非常匆促，於是我提前結束了金門的招生行程，趕回學校辦理交接事宜。學校同仁得知消息，也都感到訝異，因為我到任後一直信誓旦旦，說要與全校幹部、老師一起奮鬥至少四年，如今任期不到一半就要離開，難怪有熟識的同仁私下陶侃我：「黃校長姓黃，難怪黃牛了！」世事難料，大家也知道非我所願，頗能諒解，而且由士校校友、博士將軍郭先生接棒辦學，應該可以為學校的未來開創更恢宏的新局。

　　多年後，我調任國防部人事參謀次長，參謀總長是霍守業上將。某次，我前往總長室面呈重要軍職的公文，談話觸及軍教人事安排，才由霍先生口中得知個人當年調任國防大學的原委。其情況是：原任陸軍總司令陳鎮湘上將，於民國91年2月1日調任國防大學校長，教育長楊天嘯將軍因為經管需要，預劃於3月1日調任陸軍總部準則會主委，佔中將缺，必須找一位軍事教育經驗豐富，學經歷適合的人接任。經過一番篩選，遍尋不著，於是，當時督導軍教業務的常務次長陳體端中將，認為我有多次追隨陳先生的經驗，且熟稔軍事教育，應該足以擔負輔佐之責，乃強力推薦我繼任教育長一職。據說陳先生起初頗為猶豫，因為我任士校校長不滿兩年，距離湯部長要求的一任四年還早得很呢，尤其士校轉型不久，校園整建案進入後續階段，值此關鍵時刻，主官異動是否妥當，頗堪思量。但左思右想實在找不到更適當的人選，且眼下恰有一條件優越、極為適合的接替人

選：陸軍官校教育長郭亨政將軍（留學英國的博士，品行操守與能力均佳，且有多次執行軍事教育的經驗，唯一所缺者是尚未歷練聯兵旅級主官）。由於遍尋不著，教育長一職又不能長時間閒置，陳先生便親自驅車前往大漢營區，拜訪新任陸軍總司令霍先生，懇請割愛——放我到國防大學服務。霍先生自承當時對放人與否很是糾結，但感於老總司令親自到訪要人，誠意十足，拒絕之辭難以啟齒，只能忍痛答應。

☆陸高離職前，筆者到學生輔導中心辭行。　　☆政戰部主任張寶輝上校率全體同仁合照。

　　事過境遷十餘年，霍先生在閒話家常中表達他真正的想法：「對於是否放人，我當時其實非常猶豫糾結。在個人想法裡，士官學校校長乙職，是培養陸軍基層幹部非常關鍵的職務，但感於老總司令確有需要，且親自登門拜訪，應該有其不得不然的原因，實在難以婉拒。」其實，國防大學設立於民國89年（2000），與士校轉型為陸軍高中時間概同。它是整併原三軍大學（下轄戰爭學院、陸軍學院、海軍學院、空軍學院、國管班和情研班等深造教育班隊，校區在大直）、中正理工學院（校區在桃園大溪員樹林）、國防管理學院（校區在臺北縣中和）和國防醫學院（校區在臺北市內湖）等校院，形成一個組織龐大、單位分散的綜合型大學。校部暨軍事深造教育班隊的校址，設在八德懷生機場舊址，但校園整建工程還在進行整地等雜項工程，因此不得不暫時安頓在龍潭的特戰部隊武漢營區，因為營舍不足，便加蓋了大批的兩層樓的組合屋。因此，組織的協調運作，各種制度的建立，都處於磨合的初始階段，換句話說，國防大學也同樣處

於軟硬體條件轉型的關鍵時期，其挑戰絕對不下於士校，這應該是陳先生急於尋找一位熟識且適職的幕僚長原因所在吧。話雖如此，但調職已成定局，人生的際遇半點不由人，我的陸軍高中校長一職就此劃下句點，但個人與士校的情緣仍然綿延不絕，值得我恆久眷戀和珍惜，「一日士校，終身士校」，絕對不僅僅是一句口號。

回顧往事，歷歷在目。個人一直認為：一所傑出、對國家社會具有重大貢獻的學校，不在校舍巍峨堂皇，也不是它能培養出多少高端的人才，而是在於能將一群被社會大眾認為資質平庸（事實未必如此）、家庭背景等先天條件不足的年輕人，教育成正直無私、認真負責、勇於承擔，而具有專業的人，他們肯前仆後繼為國家、社會奉獻心力，甚至不惜犧牲自己寶貴的生命。

在我的心目中，士官學校和其他軍校一樣，都是一所偉大的學校。尤其是士官學校，它的學生有相當大的比例，來自弱勢家庭或資源貧乏的偏鄉，經過士校的教育，畢業生遍及三軍各部隊，成為基層部隊的中堅骨幹，以及精進士官制度的主要力量；即使退伍了，也都能牢記母校的校訓和師長們的教誨，恪守本份，對國家、社會貢獻厥偉。個人以曾在士校任職，與全校官師生共同流汗、流淚，甚至流血，一起奮鬥過為榮，也在此期許士校日愈進步，能為國家的安全、國軍的榮譽，發揮更關鍵的作用。

☆筆者與學務處全體同仁合影。　　☆筆者與圖書館全體同仁合影。

☆筆者與實習工廠士官長暨技術員合影。

☆筆者與教務處教材科全體同仁合影。

☆卸任陸高校長時,學指部指揮官許福生致贈紀念相簿。

☆卸任陸高校長時,學指部歡送活動學生表演。

☆筆者卸任陸高校長,與教務處同仁合影。

☆筆者卸任陸高校長,與醫務所同仁合照。

溫馨龍岡
永誌不忘

7-7 情義：士校同仁的情義相挺，友誼長存

☆士校老友們親蒞瓏山林舍下慶賀筆者六十歲生日。

☆士校老友們親蒞瓏山林舍下歡聚。

龍岡憶舊：從士校到陸專的蛻變

　　我在士校，一直受到絕大多數同仁的支持與協助。離開士校後，也持續和學校的一些同仁：譬如吳金城、謝鳳珠伉儷，史世傑、郭啓美伉儷、賴祖昌、黃珮怡伉儷，陳進國、蘇瓊瑩、王明嬋老師，胡文忠、范堇庭伉儷、盧士承（金杉）、張尹瓊，圖書館孔貴珍、喻景暉、王家儀小姐，陳昌忠士官長、劉美蘭小姐……等人，維持密切的互動與連繫。這些同仁對於我個人暨家庭關愛有加。他們記得我國曆和農曆的生日，除了新冠肺炎疫情非常嚴重的那兩年，總會彙集每個人寫滿溫馨話語的賀卡，捎來讓人感動的祝福。乃至每年都會遠道來臺北為我慶生，為了避免干擾我的工作或婉拒好意，他們保密到家，相約不要透露來訪的時間和慶生的方式，自

備蛋糕和餐點，有些還是他們自己花時間熬煮或自行烹飪的食物，譬如進國老師香濃軟嫩的紅豆湯、綠豆湯或銀耳湯，鳳珠主任家的水果，啟美老師的涼拌小菜，珮怡、瓊瑩老師的甜品，乃至他們不辭辛勞排隊買來的雞翅（腿）、咖啡、披薩……，吃在嘴裡，笑在臉上，甜在心裡。此外，他們還會精心挑選一些非常實用的保健或與運動相關的禮物：保暖的運動背心（託世傑和啟美由美國帶回來的）、運動POLO衫、磁石保健項鍊、護膝、維他命……，沉甸甸的關懷和發自內心的友情，讓人非常感動。

☆111.1.19 中壢萬芳餐廳好友相聚－新書簽名會。

☆103.12.13 往昔老部屬集結為筆者慶生。

其中有幾次更為特殊的情況，讓我終生難以忘懷。一次是我在國防部服務時，奉命到國防大學參加一個重要的講習，結束時經過校門要回臺北，門口憲兵辨識車號後報告：「有人在校門口等長官」。我嚇一跳，原來當天是我的農曆生日，鳳珠、啓美、進國、珮怡和瓊瑩五位老師特地從中壢開車到八德，送來一張士校十幾位同仁簽名祝福的生日卡片，盛情感人。民國 101 年，長外孫女潔恩出生，內人遠赴美國德州幫長女懿慈做月子，那幾個月，我是真正的「內在美」。11 月 10 日，幾位士校老友帶著食物（各式壽司、烤雞翅、玉米濃湯和水果）、飲料和蛋糕到瓏山林舍下，也是為了幫我慶祝六十歲的農曆生日。民國 102 年年中，我因停年屆滿解甲歸田，在家中待業。同年 10 月 25 日，曹君範校長與士校的同仁們邀我返校，在學校幫我辦了一個退伍兼六十一歲生日的慶祝會，讓落寞的心情，頓時有一種被熱情擁抱的感覺，非常溫暖。

☆102.10.25 筆者退伍，應曹君範校長伉儷之邀返回母校。

☆108.10.25 中壢老雲南餐廳歡聚。

☆105.05.27 筆者返校作專題演講與學校同仁合影。

☆參觀資圖中心後與校內同仁享用午餐。

　　民國 105 年 5 月 27 日，我應老戰友李福華將軍之邀，回到母校以「專業贏得敬重，敬業肯定自我」做專題報告，同仁們製作並播放了一部長達九分鐘的回顧紀念影片，甚為感人。民國 106 年 11 月 15 日，是我六十四歲的農曆生日，因為忙於公司的業務，我根本忘記了今夕何夕，沒有想到鳳珠、貴珍和家儀特別製作了國台語經典 CD 音樂專輯，以及特製生日卡片，約了文忠、董庭伉儷和金杉（士承），買了蛋糕，千里迢迢跑到關渡的大南汽車公司來幫我慶生，讓我既意外又感動。

☆筆者夫婦暨內湖芳鄰黃清吉、吳淑藻伉儷，媳婦陳慧玲，郭顯宗、簡麗華伉儷應石文龍中將之邀，返回母校舉辦「碧山巖下三家春生活藝文展」。

民國108年，我們內湖老鄰居借用內湖公民會館舉辦「碧山巖下三家春生活藝文展」，從3月23日到4月17日展出黃清吉、吳淑藻伉儷、媳婦陳麗玲的書法、國畫和速寫、素描作品，郭顯宗、簡麗華伉儷的鴨子雕塑藏品，以及我的各式關公塑像、內人王素真的散文作品等，蒙陸專石文龍中將暨士校所有老友幫忙處理各項事宜，竭力相挺，展出甚受好評。嗣承石校長指示陸專資圖中心熱情邀約，配合母校六十二週年校慶，移師陸專展出，展期自5月11日至6月20日，長達一個多月，榮幸之至。

☆113.06.01 新書發表會，在士校諸位老友協助下，圓滿成功。

☆108.12.14 We are famil 歲末聚餐。

　　民國 110 年 12 月中旬，長女懿慈在美國病逝，我暨內人痛徹心扉，這些老朋友也適時以各種方式表達他們的慰問，讓我們可以在溫馨的支持下，走出喪女之痛的生命幽谷。民國 112 年年底，個人年滿古稀之年，他們也特別到大湖，以別具創意的方式，讓我度過一個非常特殊、快樂而難忘的七十歲生日。去年（2024）是黃埔建軍、創校一百週年，個人出版《鳳山黃埔舊事》、《看海的日子：寫我海巡弟兄們》，藉以表達對黃埔母校

溫馨龍岡　永誌不忘

☆112.11.10 七十歲生日與士校老友歡聚一堂慶生。

先烈先賢的敬意，6月1日在臺北國軍英雄館舉辦新書發表會，士校的老友們發動以定價承購拙著，竭力情義相挺到底，而且義務包攬了當天活動所有的行政事宜（包含司儀（主持人）、場地布置、紀念贈品選購、介紹短片製作、來賓接待引導、茶會茶點訂購，以及餐會的協調等龐雜事務），讓整個發表會在非常喜悅的氣氛下圓滿順利完成。

　　在四十幾年的軍旅生涯中，我與所有的袍澤、同仁相處，一直抱持一種信念：「在單位裡有著職務之分，有領導者與被領導者的分別，各守其份，但沒有人格與尊嚴的差異，須予充分的尊重。離開了單位，彼此沒有任何隸屬關係，就是朋友」，我與士校同仁的相處就是這種信念的體現。二十幾年來，他們已經不僅僅是我曾經的工作夥伴，更是誠摯的好友。特別是個人已經遠離職場，他們依然關心我這個老校長，有情有義，在風俗人情日愈澆薄的現代社會，彌足珍貴。俗諺：「時光的流逝使人衰老，友情的喪失使人空虛。」我感謝士校同仁們對我的支持和愛護、更珍惜這份歷經歲月淘洗、錘鍊，歷久彌堅的友情。

7-8 結語：雪泥鴻爪，感恩與祝福

☆91.3.8. 安家鈺副總司令與新舊任校長合影。

　　民國 87 年（1998）起，士校改制為綜合高中，校園整建如火如荼展開，學校進入激烈的轉型階段。做為轉型期的開創者，吳校長暨當時的重要幹部，無疑備極辛勞，承受了很大的壓力。個人在此一劇變時期，於民國 89 年（2000）8 月 1 日到職，接下吳校長的棒子，任期雖短，僅有一年七個月，民國 91 年（2002）3 月調職，但很榮幸能親身參與學校諸多的變革，貢獻一己之力，也目睹她的進步和發展，個人對此際遇深感難得與幸運，也格外珍惜。回顧在校時的點點滴滴，校園內慷慨激昂的歌聲、教室裡琅琅讀書聲，操場上的歡聲笑語，絕大多數的同仁們戮力本職工作，夙興夜寐，一幕幕情景清晰如昨，令人懷念。

我有機會歷練士校（陸高）校長一職，首先，要感謝總司令陳鎮湘上將的拔擢與信任，在職期間，個人懍於責任重大，竭智盡慮，不敢稍有懈怠。其次，要謝謝老校長吳達澎上將無私的經驗傳承和智慧支援，在我軍旅生涯中，他一直對我關照、提攜有加，個人沒齒難忘。再者，要感謝總部人事署署長李清國中將、軍教組組長韓光亞將軍的鼎力相助，坦誠的指導；當然，更要感謝學校全體軍職官士兵暨文職老師、職員的支持與努力，使校務能夠順利推動，向前邁進。

　　中興以人才為本，十年樹木，百年樹人。國家、社會和企業如此，軍隊更是如此。在先進國家的軍隊，軍官與士官雖各有職責，但如鳥之兩翼、車之四輪，須分工合作，始克有成。國軍歷經努力，如今也逐步建立「負責執行面的推動與掌握」的士官制度，前路漫漫且艱辛，但在大勢所趨，願景可期。本校肩負三軍地面部隊士官培養之重責大任，對精進並健全該一制度，責無旁貸，任重道遠。個人忝為士校一份子，士校的勇士精神，「請跟我來」，我永記心懷，謹寄上誠摯的祝福：願我所有勇士袍澤、幹部、同事、學生、友人，以及支持、造就我們的長官，大家心安體健，情誼永固；學校校運昌隆，國泰民安。

☆調離陸高第一年，應邀返校參與圖書館辦理的哈利波特活動。

☆筆者應郭亨政校長之邀，返校與班級讀書會種子師資培訓營師生合照。

☆104.06.02 歷任校長在校史館合影,右起陳敬忠將軍、吳達澎上將、張鑄勳中將、姚光宇將軍、曹君範將軍、劉艾迪中將、筆者。

☆107.05.15 陸專61週年校慶與歷任校長合影。右起潘家宇中將、陳敬忠將軍、郭亨政將軍、作者、張鑄勳中將、石文龍中將、吳達澎上將、高喜沛中將(教育長)、張志範將軍、李福華將軍、曹君範將軍。

溫馨龍岡 永誌不忘

☆94.05.15 陸專48週年校慶返校與歷任校長、藝文展藝術家暨學校同仁合照。

☆107.05.15 陸專60週年校慶返校與歷任校長及老師合照。

☆109.10.16 陸專校運會時應邀返校，與師生在體育場合影。

☆筆者退休後應邀參加常六十五期同學會。

龍岡憶舊：從士校到陸專的蛻變

附錄一

歷史傳承，繼往開來

☆先總統蔣公視導陸軍士官學校。

☆陸軍士官學校新生入伍開訓。

陸軍士官學校（陸軍專科學校）校史

　　本校前身雖以「陸軍第一士官學校」為主體，但六十餘年來，為因應國軍與陸軍等地面部隊編制的精簡與變遷，迭次納併其他的士官學校或專業士官養成教育班隊。是以，本校校史的記載，允宜以更周延的方式加以歸納說明，方能確保校史之完整，使本校成為所有地面部隊士官校友認同的母校。

　　本校的組織體制變革，概可區分為三校分立與併編、陸軍士官學校、國立陸軍高級中學、陸軍專科學校等四個時期。依照其順序概述如後：

一、三校分立與併編階段

☆50.11.22 先總統蔣公蒞校視察營區環境。

龍岡憶舊：從士校到陸專的蛻變

國軍為了建立完整的士官制度，遵照先總統蔣中正的指示，於民國46年（1957）2月1日，同時在桃園中壢設立「陸軍第一士官學校」，高雄鳳山設立「陸軍第二士官學校」；並於民國54年（1965）5月16日在金門設立「陸軍第三士官學校」。陸軍士官學校創校目的，秉持「為戰而訓，戰訓合一。」培育陸軍所需之預備與常備士官。

　　當年各士官學校招收的士官班隊有兩種，一種是預備士官：招收初中畢業青年，實施一年之密集軍事專業訓練，畢業後授予下士官階，服務四年。該一班隊之軍事專業訓練課程，除一般課程、體能戰技訓練外，概可區分兵器訓練和連級以下基本與戰鬥教練等兩類。兵器訓練課程，著重於連級、營級以下兵器之操作與實彈射擊（輕兵器訓練部分：包括手槍、卡賓槍、M1或57步槍；重兵器訓練部分：包括30、50、57機槍，60、81迫擊砲）。基本教練與戰鬥教練，著重連級以下各項基本與戰鬥教練（基本教練部分：包括單兵、班、排、連基本教練；戰鬥教練部分：單兵、伍、班、排、連等戰鬥教練（以攻擊、防禦、搜索、警戒為主））。實戰的綜合訓練，著重實戰化相關課目（包括核生化防護、震撼教育、手榴彈投擲、各類兵器實彈射擊等等）。此一班隊在民國60年（1971）8月後，就停止招訓。

☆56.4.27 國防部長蔣經國蒞校慰勉學生。

☆招收常備士官，接受 2.5 年高中教育暨軍事訓練。

另外一種是常備士官：招收初中畢業或肄業的學生，接受為期二年密集高中教育課程，取得比敘高中畢業證書，然後再接受半年分科軍事專業教育（訓期合計兩年六個月），畢業後授予下士官階（民國59年（1970）8月後，改授予中士官階），服務六年。當年所培訓之預備士官與常備士官，的確及時為陸軍部隊注入新血，汰換大批大陸隨軍來臺、年齡逐漸老化的資深士官，成為基層戰鬥部隊士官之骨幹，讓部隊充滿活力。

☆46.2.1 高雄鳳山成立第二士官學校。

☆54.5.16 金門成立第三士官學校。

民國 63 年（1974）11 月 1 日，為配合中正幹部預備學校的成立，位於高雄鳳山的第二士官學校裁撤，併入第一士官學校；陸軍第三士官學校，更銜改稱陸軍第二士官學校。民國 75 年（1986）2 月 1 日，因應部隊任務、組織型態的調整，第一士官學校納編金門第二士官學校，並更名為「陸軍士官學校」，國軍地面部隊士官幹部的培訓，

正式進入同一校區、統一教育訓練標準的時代。

　　為因應時代需要與國軍任務的變遷，士官學校經歷多次組織變革，轉型升級與創新改造，為永續發展奠定了堅實的基礎。為保留完整之歷史紀錄，茲將本校前身三所士官學校歷年整併改組與歸併經過，以及各學校歷任校長臚列如後：

（一）陸軍第一士官學校

　　陸軍第一士官學校，民國46年（1957）2月1日創立於桃園中壢龍東路、八德霄裡與平鎮交界處，初期以招訓陸軍在營士官及優秀士兵為主，施以專業軍事訓練及領導統御課程，培育為預備士官或常備士官，提升專長素養，強化基層領導，奠定部隊精實戰力。同年5月15日，第一期預備士官班舉行開訓典禮，同時訂定為本校校慶日。民國54年（1965），開設新制之「常備士官班」，招考初（國）中應屆畢業生或同等學歷之學生，施以兩年比敘高中教育及半年軍事訓練（合計兩年六個月），培育陸軍所需之常備士官，新制常備士官班一、二、三、四期畢業後，授予下士軍階；然為與預備士官班做區隔，加速經管，自常士班第五期開始，改為授予中士軍階；為陸軍部隊長役期（役期六年）士官主要來源，以及基層戰鬥部隊士官之骨幹。民國58年（1969）成立「領導士官班」，甄選部隊中具高中（職）學歷之常備兵，施以六個月軍事教育，加強培育中役期領導士官，俾鞏固部隊基層。

☆46.2.1 桃園宵裡成立第一士官學校。

此一階段陸軍第一士官學校歷任校長,依序分別為:郭修甲上校、陳應照少將、蕭宏毅少將、江學海少將、孟述美少將、葛先樸少將、常持琇少將、杜文芳少將、李健少將、項世英少將、趙濟世少將、吳招有少將、張德廷少將、姚光宇少將,楊德輝少將。

(二)陸軍第二士官學校

☆55.6.1 二士校第1中隊2期教官畢業合照。

陸軍第二士官學校,也是民國46年(1957)2月1日,同時於高雄鳳山籌設成立,亦以每年5月15日為校慶。本校設立的目的、教育目標,以及招訓方式、教育訓練內容,均與第一士官學校相同。民國63年(1974)11月1日,因為籌設中正預校,校地擇定於該校校址,第二士官學校奉命裁撤,在學學生暨相關業務,均併入第一士官學校。陸軍第二士官學校,自設立到裁撤解編,歷經十七年又九個月,設校期間為陸軍基層部隊培育大量優秀領導士官,對鞏固部隊士氣、強化基層領導、增進部隊戰力發揮了非常重大的影響,為部隊樂戰、能戰、敢戰,奠定了良好的基礎。民國65年(1976)

五月十六日,在第二士官學校原址,新創的「中正國防幹部預備學校」正式成立。

陸軍第二士官學校歷任校長,依序分別為:史逸中上校、汪奉曾少將、張聞聲少將、宋邦緯少將、張建勳少將、劉舜元少將、葉曜薊少將、韓其澤少將。

(三)陸軍第三士官學校

陸軍第三士官學校,係奉先總統蔣中正的指示,於民國54年(1965)5月16日,在金門山外太湖旁設立,主要任務為招訓金門地區優秀士兵及當地青年,培植戰地基層幹部,並負責新制常備士官班步兵分科教育,技

☆先總統蔣公視察第三士校(郝柏村次長隨侍)。

勤常備士官班軍事訓練,預備士官班基礎訓練,警衛士官班基礎訓練,成為培訓戰地士官幹部的搖籃,民國58年(1969)後,專責承接第一、二士校畢業之士官分科教育訓練。

民國63年(1974)11月1日,因應高雄鳳山第二士官學校裁撤,併入第一士官學校,陸軍第三士官學校更銜改稱陸軍第二士官學校。民國75年(1986)2月1日,金門陸軍第二士官學校奉命併入第一士官學校,原址設施及部分員額改編成立金門防衛司令部幹部訓練班。

陸軍第三士官學校歷任校長,依序分別為:張嶸生少將、張華庭少將、伍召叔少將、劉迪忠少將、陳文俊少將、王天進少將、劉鳳訕少將、李世達少將。

二、陸軍士官學校階段

☆陸軍士官學校校門（中壢龍岡）。

☆早年士官學校學生部隊全員集合。

龍岡憶舊：從士校到陸專的蛻變

　　民國75年（1986）1月1日奉國防部令，第一士官學校納編金門第二士官學校，並更名為「陸軍士官學校」；至此三個士校正式整編為唯一的陸軍士官學校。民國80年（1991）開辦新訓師「教育班長訓練班」，為全軍新兵訓練奠定良好基礎與規範。民國82年（1993）八月，配合精進士官學制，將原本兩年半學程的常備士官班，改為三年制；十月開辦「士官長正規班」（早期由軍團主辦），提升其教育層級，精進其教育內涵，統一全軍士官長教育學制，逐步建構為陸軍士官幹部的深造教育，使與士校的養成基礎教育（含分科專業軍事訓練）、各兵科學校的士高班進修教育，形成有系統、一貫的士官教育體系。

三、國立陸軍高級中學階段

☆國立陸軍高級中學校門。

　　民國87年7月1日，國防部為了扭轉長時間以來外界對士校的偏見與負面印象，提升學校教學品質，爭取教育部的支持，使有利於擴大招生，改善基層士官的質量，乃積極精進士官學制，將常備士官班之三年（含分科教育）普通高中教育學制，改為當年教育部積極推廣的綜合高級中學學制。該學制完整三年，第一學年係共同必修課程，第二學年開始分流，分設普通科、機工科、電子科、汽修科、飛修科、（重）工機科、化工科、建築科等八個學程。文學校的綜合高中，自二年級開始，實施選修制，有非常大的選修空間，本校當年學生人數眾多，班級數多達一百另八個班（每個年級多達三十六個班），選修課程調度、師資延聘，都極為困難，乃採取套

餐的課程制度，並配合政府政策，積極推動學生考取各類專業證照（畢業前至少要考上丙級證照），期能建立士官之專業地位，為精進士官制度，奠定厚實基礎。同年，為因應陸軍「精實案」推行，合併（縮減）各技勤士官學校之教育資源，如兵工、通校等勤務支援、戰鬥支援學校的基礎教育士官班隊，均併入本校。本校學生畢業後可透過甄試，升讀士官二專班（由陸軍官校專科部代訓），也可再藉由此機制轉入陸軍軍官學校專科班朝向軍官發展。

民國 89 年 10 月 1 日「陸軍士官學校」正式更名為「國立陸軍高級中學」。

此一階段，學校不僅學制劇變，也進行全面的校園整建工程，校區由原本的龍關校區，兼併緊臨的建國營區，除改善學生的生活與學習環境，增建各種專業教室、體能戰技訓練場地和技職科系的實習廠館，在師資條件、軟體與硬體建設上，皆同步進行重大轉型。

陸軍士官學校暨國立陸軍高級中學歷任校長：楊德輝少將、劉寧善少將、江中柱少將、張鑄勳少將、劉艾迪少將、劉北陵少將、吳達澎少將、黃奕炳少將、郭亨政少將、陳敬忠少將、張志範少將。

四、陸軍專科學校階段

☆陸軍專科學校校門、行政大樓、資圖中心暨教學大樓（改為朝向龍東路）。

　　民國94年8月1日依照教育部核定「國立陸軍高級中學」升格，正式更名為「陸軍專科學校」，為二年制專科；學校設有通識中心（共同科），電子工程科，機械工程科，飛機工程科，電腦與通訊工程科，車輛工程科，動力機械工程科，化學工程科，土木工程科，應用外語科，體育科共十一個科系。

　　早期招收對象為在營的國軍士官幹部，嗣後開始對外（社會青年）招生，並且持續招收在營士官入學，目標是提升國軍士官幹部的學習能力與學歷。陸軍專科學校同時亦是各軍種單位委託受訓或專長訓練的軍事學校，本校不僅只協助陸軍一個軍種訓練與教學，同時協助了海軍陸戰隊、聯勤、憲兵、後備、軍備局、飛彈指揮部、

勤務指揮部等軍種或單位輔助在校學生修習學業，學生畢業後回到各自所屬軍種服務。近年更增加總政治作戰局、空軍、電訊發展室、資電作戰指揮部等軍種單位協助輔導修業。

　　陸軍專科學校歷任校長：張志範少將、戴宏聲少將、喬元雷少將、潘家宇少將、劉必棟少將、童光復少將、曹君範少將、李福華少將，代理校長李志萍上校（教育長代理），石文龍少將、周國健少將、吳松齡少將。現任校長為盧士承少將。

☆矗立校園高聳塔柱已為陸專地標。

☆鑼鼓喧天，名聞遐邇的陸專勇士戰鼓隊。

附錄二

永銘記憶的校園影像

☆第一士校圓環先總統蔣公永懷領袖銅像。

☆校部勵士樓（校部三位高勤官辦公處）。

陸軍士官學校舊照

☆第一士校時期的校門圓環（入門大道）。 　　☆士官學校時期的校門圓環（標語全景）。

☆校部勵士樓（校部三位高勤官辦公處）。 　　☆校部大樓：勵士樓（夜景）。

☆龍關校區舊營舍：中正堂與司令台。

龍岡憶舊：從士校到陸專的蛻變

☆龍關校區舊營舍：中正堂與標語（遠景）。

☆第一士校期間的校史館舊址原為蔣公行館。

☆士校期間龍關舊校區校史館原址改為圖書館。

☆陸軍士校期間龍關舊校區整修後的圖書館。

☆圖書館搬遷至新校區改為重量訓練室。

☆第一士校期間科學館（總教官軍教辦公室）。

附錄

☆龍關校區舊營舍體育組辦公室暨游泳池。 　　☆文史館（國文、社會組）教師辦公室。

☆科學館（英文、數學、自然組）教師辦公室。 　　☆龍關校區舊營舍校史館。

龍岡憶舊：從士校到陸專的蛻變

☆龍關校區舊營舍（校部會議暨接待室）。 　　☆國軍一二三福利營站舊址（校門圓環左側）。

☆龍關校區軍官連寢室舊址（營站後側）。 　☆教務處長室、側邊為計畫科辦公室舊址。

☆總務處長暨後勤科、工管室辦公室舊址。 　☆教務處所屬考核科暨教材科辦公室舊址。

☆龍關校區政教樓（教官組辦公室）。 　☆龍關校區：醫務所。

☆龍關校區：彈藥庫房。 　　　　　　　　　☆龍關校區本部連營舍暨心理輔導中心。

☆龍關校區本部連士官兵衛浴設施。 　　　　☆龍關舊營舍學生指揮部暨辦公室。

龍岡憶舊：從士校到陸專的蛻變

☆龍關校區常士班 4、5、6 營學生餐廳。 　　☆龍關舊營舍學指部本部及辦公室。

☆龍關舊營舍領導士官班1、2、3營餐廳。

☆龍關校區以身作則勇士塑像（側照）。

☆龍關校區以身作則勇士塑像（全景）。

☆龍關校區：勇士精神堡壘塑像（正面）。

☆龍關校區：勇士精神堡壘塑像（背面標語）。

☆79年完成士官兵俱樂部休閒設施。　　☆勇士俱樂部（官兵交誼廳）。

☆綠亭交誼廳（師生聯誼及熱食部）。

☆龍關校區：戰鬥教練場。

☆校景：成功亭（全景）。

☆校景：成功湖、成功橋。

☆校景：成功亭旁（國徽造景）。

☆校景：綠蔭大道。

附錄

☆龍關校區：林間步道小徑。

☆龍關校區：櫻花林暨八角小池。

☆龍關校區：學生營舍。

☆龍關校區：學生教室。

☆龍關校區學生在寢室整理內務。

☆龍關校區學生寢室。

龍岡憶舊：從士校到陸專的蛻變

260

☆士校新生用餐。　　　　　　　　　☆早年士校新生入伍訓練。

☆士校新生入伍訓練。　　　　　　　☆學生在聯合大餐廳用餐情形。

☆早年士官學校學生參與　　☆士校學生入伍武器機械
　聯廚作業。　　　　　　　　訓練情形。

☆檢查內務。

☆士官學校舊式大通舖寢室。

士校老友留言板

附錄三

陸軍專科學校（士校、陸高）好友見證與祝福

高喜沛中將

鍛鋼

　　民國 113 年黃埔建校建軍百年，奕炳將軍集數十年軍旅生活之經驗，著作「鳳山黃埔舊事」與「寫我海巡弟兄們」倆書，為黃埔百年大慶以賀，期以勉勵同袍與後進。書中對推動軍事教育發展；與校園規劃管理等章篇，詳述了豐富的經驗與理想，個人拜讀後不勝欽佩。

　　奕炳將軍為飽學之儒將，他除歷任國軍各階層重要軍職外，並擔任國軍由基層教育至深造教育各層級的軍事教育工作多年。對軍事教育研究與著力之深廣，國軍幹部無出其右者！

　　軍事教育為建軍根本，是堅實戰力的基礎，包含了「哲學、科學、兵學」。故云軍事學術可以博學但沒有博士。因而軍事教育的主事與指導者任重而道遠，更不同於一般軍事幹部的選派。

　　奕炳將軍以其豐富的學養與經驗，在校長任內，結合建軍備戰需要，忠勤務實，親和躬行，領導推動學制革新與時代接軌，讓陸軍士官教育堅實扎根並向上拔升。就如鐵舖鍛鋼，高明的老師傅，他選原鐵入爐，高溫煅燒，觀火色，待焰青，然後抽出炙熱的烙鐵置於鉆台上。執手錘不斷地點擊鉆台，指導年輕的師傅掄揮著大錘，或急或緩地不停地槌打。……如此反復高溫煅燒、捶打、淬火、磨利、拋光，始成銳利的鋼刀。奕炳將軍「龍岡憶舊～從士校到陸專的蛻變」就是他於陸軍高中校長任內的「勵士」記憶～～那些年和他一起鍛刀師友的故事。我這士校的老兵，也不由縈懷起昔日校園裡的巡更和誦讀，與令人澎拜的鼓號樂聲！

第九任教育長　高喜沛

陳敬忠將軍

一路追隨 不見尾燈

奕炳學長是我在民國63年陸軍官校入伍生團入九連受訓時的教育班長，所以至今我們在談話聊天時，我都還以「報告班長」開頭。入伍結訓後不久我奉派薩爾瓦多當交換學生，四年後回國先下部隊到金防部，七十一年初再調回官校任學生連長，此時學長正在學校戰術組歷練教官，大家都忙於工作，我們偶爾才有接觸的機會，但奕炳學長一直是校園內許多學弟敬佩學習的標竿，當然我也是其中之一。

現在回顧，當時官校的隊職幹部與教官堪稱同儕中的佼佼者，其中奕炳學長的品德能力認真負責與上進奮發的表現，確實是上下交相讚譽而卓立傑出。尤其能以第一名佳績錄取政戰學校政治研究所，一時在許多嚮往到外面大學繼續深造的學弟間傳為佳話。之後我們各自在不同單位服務，黃學長在校官階段不但歷練了官校學指部指揮官等受到注目的職務，而且所到有聲績效卓著，已是我輩同儕公認的明日之星。

直到我有幸在民國92年到陸軍高中當校長，作為後任者，從文卷檔案資料及老師、幕僚口中，更進一步見識到黃校長任內如何在上級指導下推動學制改革與校園整建，在短短一年半任期內，逐步克服諸般困難所完成的豐碩成績及贏得大家稱道的口碑，讓我站在巨人肩上順利推展工作獲益良多，對學長的人品學養也更加敬重與折服。

好學不倦的黃學長在軍旅歷任要職退伍後，依舊被長官倚重繼續在退輔會服務，還抽空到博士班深造，同時開始回憶寫作，以他驚人的記憶力，將數十年的軍旅經驗化為文字娓娓道來，尤其對長時間在軍事教育各層級的職務歷練中，殫精竭慮所經歷事情的來龍去脈與人物掌故的敘述，真是鉅細靡遺信而有徵，足為補強國軍軍事教育史的珍貴史料。作為軍旅生涯一路追隨而看不到車尾燈的學弟，我要說：「報告班長，您真的很棒！」

第二十四任校長　陳敬忠

張志範將軍

樂聞陸軍專科學校第二十二任黃校長奕炳將軍，將於陸專今（68）年校慶，舉辦「龍岡憶舊」新書發表，暢談士校到陸軍專校的蛻變，為軍事教育精進的重要歷程做見證。

繼任校長得於優良的基礎上，接續於民國94年轉型為「陸軍專科學校」，全面提升陸軍士官學能。

民國63年甫進陸軍官校，接受入伍的洗禮，奕炳學長的陸軍官校正四十五期、三年級學長，即擔任本期的教育班長；在近半百歲月裡，黃中將一直是吾等學習的表率。

民國113年榮幸參加黃中將《鳳山黃埔舊事》、《看海的日子：寫我海巡弟兄們》兩本書的新書發表會，在在都是《黃埔遷鳳山》、《海巡為台灣》珍貴歷史的陳述。

特別深刻的，黃將軍延用蘇軾～哪有什麼歲月靜好？只是有人為你負重前行。黃將軍正是「國家安全與社會安定」的負重擔責。

第二十五任校長 張志範

石文龍中將

回顧在龍岡的歲月，從士校至陸專，這段歷史承載著無數人的青春與夢想。民國86年我從上尉軍官加入士校，隨後八十九年更名陸高回校擔任營長，直至106年榮幸回到陸專接任校長，經歷三階段～見證學校更名與改制的蛻變與發展，這是一段充滿挑戰且無比光榮的軍旅時代刻痕。學校的發展歷程，是一代接續一代師長與學長們共同努力的結果，從士校到陸專的轉變，我親身經歷，也深刻感受到教育的影響與責任。黃校長以《龍岡憶舊》忠實紀錄這段學校的成長史，更是士官教育進步的縮影。願此書成為陸專人的勇士精神寶典，讓我們不忘前輩的辛勞與奉獻，繼續砥礪前行，以身作則、榮耀傳承，共創更輝煌的未來。

第三十三任校長 石文龍

李福華將軍

以教育之名鑄造勇士精神——向黃奕炳校長致敬

欣聞陸軍專科學校六十八週年校慶將至，黃校長將出版《龍岡憶舊》一書，深感榮幸能受邀為此書撰寫見證與祝福。

我與黃校長的第一次共事，是在他擔任十軍團指揮官時，我是其麾下後勤指揮部指揮官，那段期間在他的指導與支持下，共同完成了無數的任務與挑戰。也無時不刻的體驗到他「儒將」般的領導統御與行事風範，從而收穫良多。

黃校長官校畢業後迄軍職退休，他歷練了國軍各階層、各類型職務，相信陸軍高中（現陸軍專科學校）校長是他付出心血最多、投入精神最深、也最有成就感的重要職務。

本人在擔任陸軍專校校長一年十個月的時間裡，仍可清晰的細數他在那段學校轉型關鍵期，其日夜所思、所做、所行的點點滴滴，例如：「力拚轉型，慎選幹部」、「積極留才，強化師資」、「建立策略，選優招募」、「品德教育，落實考核」、「推廣活動，爭取認同」、「活化館藏，鼓勵讀書」、「表揚士官，肯定榮譽」，以上總總都是他所建立的教育規範、形塑的教育環境及營造的教學氛圍，迄今仍潛移默化的影響學校。

黃校長注重學生的全面發展，他不僅關注學業成績，更重視這些孩子們的品德教育與適性發展。他的教育理念及奉獻精神，不僅影響了每一位隊職幹部的認真投入，更深深感染了每一位老師教學的無私付出。

作為曾任校長接棒者之一的我，深感無比自豪，並感佩歷任校長及學校幹部、老師對成千上萬士官們的教育栽培，讓他們在軍旅生涯中秉持「跟我來」負責態度，勇於承擔、迎向未來，無悔的為國家貢獻心力。

在此，衷心祝福學校校運昌隆，繼續培育更多優秀的軍事人才，為國防事業注入新血。願黃校長《龍岡憶舊》一書能傳承歷史，激勵後進，讓「勇士精神」永續發揚！

第三十二任校長 李福華

胡文忠組長

　　民國八十七年七月我從小金門（烈嶼）輪調回到桃園中壢，很榮幸的在黃校長的領導下，一起參與了「陸軍士校」的蛻變。

　　那時的士校雖然已經更銜為「陸軍高中」，但是部分建築仍是老舊的營舍，學校也還不算是赫赫有名，在黃校長親力親為的帶領下，逐漸脫胎換骨成為名符其實的綜合高中，其蛻變過程中的種種改變，只有掌舵者最清楚。

　　「一本好書、一份智慧」成就了眾多人的喜悅，讓我們從「龍岡憶舊」這本書中，一起感受從「陸軍士校」到「陸軍專校」蛻變。

前軍教組長　胡文忠
114.3.5.

謝鳳珠　圖館員

　　何其有幸～在校長任期內參與其中，見證您改革校務的用心與堅持，您以務實、真誠、自然的風範推動無數創舉，讓學校更臻完善。感謝您在圖書館辦的每個活動，全靠您「神級加持」鼎力助攻，才能屢創佳績。

　　您的睿見如燈塔，引領我們前行，成就了無數精彩篇章。您始終是學校最珍貴的資源。「龍岡憶舊」字字句句勾起士校人滿滿的回憶，並為陸專史料再添新頁，祝福您新書佳評如潮～猶如甘泉注入智慧帶給讀者深入的啟迪！

資訊圖書中心　謝鳳珠

張尹瓊主任

　　恭賀指揮官新書的發行！這本書承載您對學校的熱忱與奉獻，您的領導與智慧，不僅帶領學校無論是教育理念的革新，環境與設施的提升，都深深影響學校的發展與學生的成長，您將這段寶貴的經歷寫成書籍，將為學校的未來提供啟發與指引。衷心祝福「龍岡憶舊」廣受好評，影響深遠！

資訊圖書中心　張尹瓊

蘇瓊瑩主任

　　二十五年前，當我在漫長的教師甄試旅途抵達終點時，迎接我的第一張教師聘書上，工整地印著「校長 黃奕炳」幾個大字。正是黃奕炳校長，在士官教育的歷史轉折點上，以非凡的勇氣、責任感、真摯的態度與全心投入，使「陸軍高中」甫掛牌便展現出無法阻擋的氣勢！黃校長對外不遺餘力，親自走遍全國各國中為學校宣傳；對內則精心整合各項資源，以「學校的心臟」－圖書館為核心，成功將全校官師士生兵轉變為一個活潑動態、相互扶持的團隊！能夠參與其中並親眼見證這一切，我感到無比榮幸！

　　回首走過的路，不斷地發現，與黃奕炳校長「同一屆」，實在是一個持續帶來感動與驚喜的祝福！黃校長的念舊與成全、愛才惜才的特質，使他成為我們心中「永遠的校長」。而我最幸運的是，在人生的道路上，能夠持續向黃校長與夫人學習！黃校長的新書不僅紀錄了我們共同走過的歲月，更分享了寶貴的人生智慧與遠見！開卷有益，願所有讀者同蒙祝福！恭賀黃奕炳校長新書發表！

應用外語科　蘇瓊瑩

龍岡憶舊：從士校到陸專的蛻變

王仁源老師

　　那一年，黃校長調到學校擔任校長。彼時，我剛好在教務處服務，因此有許多機會與黃校長接觸。黃校長是一位親和力十足的校長，在校園的各個角落，都可以看到校長與師生互動的身影。此外，黃校長的眼光更具有前瞻性，任內成立資訊科，補足了學校科系拼圖缺失的那一塊。在現今 AI 當道的世界產業趨勢下，更突顯黃校長慧眼獨具。

　　在黃校長身上，我學習到許多待人處世的哲理，並獲得了不少的啟發。這讓我在兩年後再次回到教務處服務時，在處理事情上，更為圓融，更為從容不迫。

機械工程科副教授　王仁源

郭啟美老師

　　從民國七十年第一批的文職老師，歷經士校變遷的四十四個年頭裡，我們何其有幸，能與許多優秀的國軍將領共事。

　　曾經的歲月彷彿一艘啟航的船，因為有像黃校長這般沉穩、真誠、堅持、親為、有遠見的掌舵者，帶領著我們努力往前行，共同為國軍培養允文允武、術德兼修的現代化士官而努力，實感慶幸！

　　我們在校長身上看見所謂「有筆、有劍、有肝膽」的豪情，也見證了「亦俠、亦狂、亦溫文」的儒將風采！

　　這本「龍岡憶舊」，是紀錄著士校珍貴的傳承，有苦、有甜、有淚水、更有歡笑！也是記惦著那份永遠令人難忘「忠、誠、勇、毅」的勇士情懷！

英文組退休教師　郭啟美

陳進國老師

　　唐太宗曾說：以銅為鏡，可以正衣冠，以史為鏡，可以知興替，以人為鏡，可以明得失。校長黃奕炳將軍在陸軍士官學校（民國89年10月更名陸軍高中）任職期間，孜孜矻矻，任勞任怨，以國家、責任、榮譽、訓勉學生，尊師重道，關懷部屬，營造親愛和諧校園，實乃不可多得之良將。

　　全書以敘事的輕鬆平實筆調紀錄在校的精采感人故事，蘊含深刻的為人處世之道，深值後輩參酌學習！

英文組退休教師　陳進國

謝翠琴老師

我心目中敬重的好長官、好校長─黃奕炳將軍

　　我在軍中二十六年的教職生涯中見證了學校的轉型、改革（從陸軍第一士官學校～陸軍士官學校～陸軍高中～到陸軍專科學校），也經歷了十幾位校長，有幸遇見您這位具有黃埔精神的實踐者、有先進教學理念的教育家。

　　在您任內，您總是那麼地平易近人，對待師生和藹可親，也常替學生或老師解決問題，最終都能獲得三全（隊職幹部、老師、學生）其美的結局，您飽讀詩書、學識淵博，總是鼓勵老師們進修藉以提升素質，期許學生們能認真求學成為允文允武的軍中中堅幹部，在您的領導下，身為教師的我們都秉持著誨人不倦的精神，兢兢業業的做好教學工作。您是我在教職中敬重的好長官、好校長。祝您「龍岡憶舊」新書發表成功！

英文組退休教師　謝翠琴

龍岡憶舊：從士校到陸專的蛻變

王明嬋老師

記得校長初到我們學校履新時，正是學校由陸軍士官學校準備轉型為陸軍綜合高中，新校區也正在收尾階段。真是所謂的多事之秋，事務繁忙，千絲萬縷的關鍵時刻，對於來接此重任的校長而言，真是一大挑戰。不過，校長發揮了使命必達的軍人本色，不但順利完成任務，而且帶領我們學校連續二年獲得教育督考評鑑甲組優等的佳績。

校長對於學生的教育非常重視，希望達成德智體群美五個學習目標，他也鼓勵學生參與校外的交流活動及競賽，擴展視野，增添自信，我們學生也因此榮獲多次英語演講比賽冠軍，讓參賽的其他學校刮目相看。又因為學生來自全國各地，考慮到學生並非每週返家，校長還讓連隊規劃知性之旅，增進師生與隊職幹部的溝通與交流。

校長在治校期間，經常巡視校園，關懷學生，也常到老師辦公室，隨時發現我們在教學亟待解決的問題，在大家心目中真是一位「勤走基層、勤政愛校」的好長官。

英文組退休教師　王明嬋

黃珮怡老師

時光飛逝，還記得當年我是青澀的輔導老師，您則是文武兼備、充滿使命與熱情的領航者，帶領著學校發展，親近師生，廣納意見，讓人由衷敬佩。

在您任內，軍校充滿生命力。豐富多元的活動，更激發了學生的潛能，多年過去，您依然心繫學校、關懷大家，這份初心令人感動！《龍岡憶舊》字字句句訴說著共享的歲月，引領曾經在士校共事、共學的師生與軍職幹部們，坐上時光列車，回憶當年那場美好的相遇！

學生輔導中心　黃珮怡

孔貴珍　圖館員

　　喜知校長又要出版新書，寫的內容是回憶您在陸高的人、事、物，實在令人欣喜不已！

　　本書不僅是校長您人個人歲月的回顧，更是陸軍專科學校風雨兼程的寫照，紀錄了珍貴的歷史，更是傳遞了寶貴的精神。

　　感謝校長的分享與見證，讓我們得以從中汲取智慧，也見證了軍旅人生的榮耀與挑戰。

　　願此書啟發後學，讓新一代軍人承繼前輩精神，勇往直前！誠摯敬祝新書影響深遠大受好評。

資訊圖書中心　孔貴珍

喻景暉　圖館員

　　恭喜校長「新書」問世！這本書看到您從士校（普通高中）轉型到國立陸軍高級中學（綜合高中）五百多個日子的回憶，見證您對學校的愛護及辦學堅持與付出。

　　此書讓我進入了時光隧道，憶起陸高舊時校園與熙熙攘攘在圖書館穿梭的學生，還有那一次次摸黑彩排……活動，這些難忘時光，如今想起仍歷歷在目記憶猶新。

　　陸高的日子您就像燈塔，那亮光溫暖照亮了每個陸高人，而幸運的我們在您的亮光下成長茁壯成為今日陸專人。祝書業有成！

資訊圖書中心　喻景暉

張煜仙　醫護員

感恩校長帶領我們一起回顧～士校、陸高、陸專的光榮歷史，在這些歲月的腳步中，我們一起拚搏、一起成長，共同創造記憶的年輪。回顧過去，我們無比自豪，展望未來，我們用最誠摯的祝福，願學校再創輝煌。

醫務所　張煜仙

宣愛信　政戰員

與校長共事的每一天，如冬陽、如春風般的溫暖宜人，在這一個偉大事物的開端、衷心的祝福、萬事順心、圓滿成功。

學生事務處　宣愛信

國家圖書館出版品預行編目資料

龍岡憶舊：從士校到陸專的蛻變 / 黃奕炳著. -- 初版. --
臺北市：博客思出版事業網, 2025.05
面；　公分
ISBN 978-626-7607-13-8(平裝)

1.CST: 黃奕炳 2.CST: 軍人 3.CST: 回憶錄

783.3886　　　　　　　　　　　　　114004096

現代散文27

龍岡憶舊：從士校到陸專的蛻變

作　　　者：黃奕炳
主　　　編：楊容容
編　　　輯：陳勁宏
美　　　編：陳勁宏
校　　　對：楊容容　古佳雯　謝鳳珠　王素真
封面設計：陳勁宏
出　　　版：博客思出版事業網
地　　　址：臺北市中正區重慶南路1段121號8樓之14
電　　　話：（02）2331-1675 或（02）2331-1691
傳　　　真：（02）2382-6225
E - MAIL：books5w@gmail.com或books5w@yahoo.com.tw
網路書店：http: //5w.com.tw/
　　　　　　https: //shopee.tw/books5w
　　　　　博客來網路書店、博客思網路書店
　　　　　三民書局、金石堂書店
經　　　銷：聯合發行股份有限公司
電　　　話：（02）2917-8022　傳真：（02）2915-7212
劃撥戶名：蘭臺出版社　　　　帳號：18995335
香港代理：香港聯合零售有限公司
電　　　話：（852）2150-2100　傳真：（852）2356-0735
出版日期：2025年5月 初版
定　　　價：新臺幣350元整（平裝）
ISBN：978-626-7607-13-8